# 基于互联网的现代高校思想政治教育工作创新研究

李宗艳◎著

中国出版集团
中国民主法制出版社
全国百佳图书出版单位

**图书在版编目（CIP）数据**

基于互联网的现代高校思想政治教育工作创新研究 / 李宗艳著. — 北京 ： 中国民主法制出版社，2023.5
ISBN 978-7-5162-3211-8

Ⅰ. ①基… Ⅱ. ①李… Ⅲ. ①互联网络—应用—高等学校—思想政治教育—研究—中国 Ⅳ. ①G641-39

中国国家版本馆 CIP 数据核字(2023)第 076891 号

**图书出品人：** 刘海涛
**出 版 统 筹：** 石 松
**责 任 编 辑：** 刘险涛

---

**书　　名**/基于互联网的现代高校思想政治教育工作创新研究
**作　　者**/李宗艳

---

**出版·发行**/中国民主法制出版社
**地址**/北京市丰台区右安门外玉林里 7 号（100069）
**电话**/(010) 63055259（总编室） 63058068 63057714（营销中心）
**传真**/(010) 63055259
http://www.npcpub.com
E-mail:mzfz@npcpub.com
**经销**/新华书店
**开本**/16 开　787 毫米×1092 毫米
**印张**/12.75　**字数**/206 千字
**版本**/2023 年 5 月第 1 版　2023 年 5 月第 1 次印刷
**印刷**/廊坊市源鹏印务有限公司

---

**书号**/978-7-5162-3211-8
**定价**/68.00 元

# 前 言

思想政治教育工作是为了更好地提升人们的思想觉悟，使人们的思想得到解放，从而迸发出能够积极向上的精神动力，并能够在人生之中获得正确的方向。如今高校思想政治教育存在实施体弱化、对象趋势化以及缺乏全员意识的问题，许多高校的思想政治教育工作者对自己的工作缺乏热情与奉献精神，从而直接影响到整体思想政治教育工作开展的实际成效。随着我国的科学技术与信息技术的不断创新与发展，各种各样的社会思想文化都在一起碰撞，对于当代大学生的思想信念以及价值观产生了巨大的影响，使得大学生的思想变得日益复杂。站在整体角度来说，需要政府与家庭和高校参与，帮助大学生营造一个良好的环境，需要教师共同以身作则、敢于奉献、教书育人。

随着互联网信息技术、数字技术、移动通信技术的快速发展，新媒体的应用愈加广泛。由于新媒体技术在信息收集、信息内容与形式、信息传播渠道等方面的重大变革，社会大众在获取和交流信息时的思维模式、语言特点、行为方式、心理意识等方面也发生了极大改变。大学生是新媒体技术使用最为广泛、最为活跃的群体。分析新媒体对大学生的影响，并探索新媒体技术环境下的大学生思想政治教育新途径、新方法，显得十分重要。新媒体的迅速发展和新媒体技术的广泛应用，对高校教育体制改革和人才培养以及大学生的学习、工作和生活产生了深远影响。

# 目录

# 第一章　高校思想政治教育的基础理论研究

## 第一节　高校思想政治教育的内涵及特征

思想政治教育的内涵是大学生思想政治教育的首要问题。大学生思想政治教育的各种途径、方式、活动是建立在对思想政治教育内涵的科学把握的基础之上的，思想政治教育的内涵是开展各种类型、各种方式思想政治教育活动的依据。

### 一、高校思想政治教育的内涵

大学生思想政治教育是指高校按照一定的社会要求，对大学生实施有目的、有计划、有组织的思想品德、政治素质和心理素质教育，并将他们培养成为具有高度责任感的社会主义事业的接班人的一种实践方式。大学生思想政治教育是高校意识形态工作的主渠道和主阵地。大学生思想政治教育作为我国高等教育的一个重要组成部分，具有鲜明的中国特色，其内容是由系统构成的，而不是独立存在的，具有较为显著的体系特征。其中，既有思想教育内容，也有政治教育内容，还包括了心理教育以及道德教育等各种基础性的教育内容。

大学生思想政治教育工作实际上属于一种实践活动。在大学生思想政治教育工作的开展过程中，大学生既是一切活动开展的主体，同时也是客体，是双重身份的统一。“思想政治课”则成为大学生思想政治教育的工具，以实现把大学生培养成社会主义伟大事业的合格的建设者和接班人为目标。坚持马克思主义在各个教学工作开展过程中的主体地位，并且将思想政治教育不断地与社会发展相融合，使学生能够更多地了解社会主义发展方向和社会主义理念，从而树立起正确的思想观念和意识，最终，促进学生形成健康的世界观与价值观是高校思想政治教育的重要思路，由此可知，大学生思想政治教育工作不仅是一个道德教育问题，还是一个政治教育问题。

现阶段，大学生的思想政治情况整体来说还是较为正面的，但是也要随时意识到，随着我国经济的不断发展以及社会的不断进步，各种各样的不健康思想还是涌入我国，从而会对大学生的思想产生一定程度的影响与冲击，使大学生的心理逐渐产生了变化。当前我国有一部分大学生出现政治信仰缺乏、思想观念陈旧、价值观扭曲、缺乏社会责任感以及诚信意识等问题。为了促进社会主义建设的完成，实现中华民族的伟大复兴，确保中国在激烈的国际竞争中处于不败之地，只有加强对大学生的思想政治教育，才能培养出高素质的人才，为社会做出应有的贡献。

## 二、高校思想政治教育的特征

正确认知当前我国大学生群体的思想政治觉悟情况，既是有针对性地开展对大学生思想政治教育工作的基础，也是开展大学生思想政治教育工作的关键点。接下来，从以下几方面的特征进行深入分析和总结。

### （一）时代性——跟紧时代的步伐，与时俱进

思想政治教育的时代性特征，就是需要做到与时俱进，正确认识到时代发展的特征，并且对当前的思想政治教育理论与观念进行创新。在不同的时代背景下，也会产生不同的思想政治教育目标，因此，在教育过程中所使用的方式方法也不同。在思想政治教育的时代性要求下，需要教育者不断关注时代的发展特征，并且根据当前经济的实际发展情况和社会现实情况，对思想政治教育理论进行创新，使理论与实践能够始终保持一致。在时代的发展情况下，也会出现不同的时代特征以及发展方向，因此，基于思想政治教育工作的时代性特征，需要严格把握时代发展的实际，对当前使用的思想政治相关理论知识内容进行创新，使其不断发展，使理论和实践能够在时代发展的背景下，更符合实际需要。

而大学生思想政治教育也要紧跟时代步伐、社会发展的节奏，不允许滞后和倒退，并具有鲜明的时代特征。而这一特征主要就表现在对我党所制定

的相关方针以及政策等内容的了解，从而不断充实教育工作的理论依据以及相关的实践内容。所以，当前我国的思想政治教育理论内容需要将马克思主义以及毛泽东思想和当前我国所运用的新时代中国特色社会主义理论保持一致，将这些内容真正地融入整体的思想政治教育工作中，对大学生开展理想信念教育，以及爱国教育和价值观念教育等，使大学生能够不断提升自身的综合素养。而思想政治教育工作需要对时代的实际特征进行融合，充实自身的理论内容，才能谋求更好的发展，对大学生起到更好的教育成果。时代性特征，在大学生思想政治教育工作的实际内容体现上，需要将理论与实践联系在一起，使大学生能够掌握更加先进又符合当今社会现实的理论知识，并且进一步开展相应的实践活动，运用理论知识去解决实践中存在着的难点问题，这样才能让思想政治教育工作更加具有说服力。

（二）实效性——切实做到以学生为本

1. 要转变观念，树立以学生为主体的理念

促进大学生的成长、成才的根本目的就是着手大学生思想政治教育的出发点，其主要以学生为中心的思想，需要从根本上充分地尊重学生的个性特征和主体的地位，需要深入地贴近学生的实际以及学生各方面的基本情况，需要找准教育的引导基点和着力点，从大学生最基础的个性和实际需求出发，有针对性地做好大学生的思想政治工作。在做好这些工作的前提下，我们应该舍弃从前那种忽视学生的说教式、灌输性思想教育的方法，从而提升大学生各方面的技能。

2. 要把大学生内在的积极性和主动性调动起来

当代大学生自身的压力主要是来自自身学习以及外部的个人交际的压力。大学生思想教育者应当在发挥好学校教育引导作用的同时，积极配合学生的人生态度，带动学生实现自我学习、自我教育、自我提高的目的，促进学生全身心的健康发展。当代大学生思想教育工作是在将作用于大学生的外部压力转换成当代大学生内部压力的同时完成这种教育转化，从而培养学生积极乐观的人生态度，能极好地实现大学生自己掌控自己的生活和教育，从而促进他们的全身心发展。

3. 高校思想政治教育要满怀关爱与责任

当代高校思想教育一定要满怀关爱和责任，把当代高校思想政治教育当成一种服务，一定要坚持把解决当代大学生的思想问题和当代大学生的生活根本问题结合起来。高校需要坚持性地解决学生的思想问题和生活实际问题，需要做到首先教育人、引导人；其次关心人、帮助人。高校需要做到，树立一切为了学生的生活、一切为了学生的意识，做到急学生之所急，盼学生之所盼，及时地为当代大学生排忧解难，将“春风化作雨，润物细无声”的高校思想教育工作做到实处。

4. 根据不同层次学生的实际，建立分层递进的思想政治教育目标

如果在教育工作开展过程之中，没有按照层次性对学生进行划分，那么就会导致教育整体出现混乱现象。所以，高校的思想政治教育工作需要按照层次与步骤，将学生按照不同的情况进行分级，从根本上开展道德教育再逐渐转化成为道德追求教育。在整体的大学教育工作开展过程中，专科一年级到三年级和本科一年级到四年级，不同的年级有不同的教育工作重点。对刚刚入学的新生来说，学校需要先让学生了解校内的一些基础的规章制度，以及应该把握的相应的学习心态，引得学生能够遵守学校的规章制度以及国家制定的相关法律条例，在日常生活中严格约束自己的行为，做到认真学习，积极生活，从而在不断提升自身学习成绩的同时学会与人相处，学会正确做人做事。针对大二年级的学生来说，教育工作的重点是加强对学生的教育工作，使学生能够认真地学习每一门课程，不论是公共课还是专业课，以及选修课，学生都需要认真学习，能正确处理自己学习与日常生活之间的关系以及学习和恋爱之间的关系等，从而更好地去掌握不同学科的相关知识内容。对大三、大四的学生来说，教育工作的开展重点主要就是为了对学生进行鼓励，使学生能够在学习的过程之中逐步地提升对就业教育的认识，从而引导学生树立起正确的价值观念以及就业观，更好地去了解当前的就业市场整体环境，并且要对学生进行引导，让学生树立起先就业后创业的心态。在大学阶段就让学生能够学习到不同阶段的不同知识，使学生的世界观人生观以及价值观念更趋健康，使教育工作真正地发挥出自身的用途。

5. 努力把思想政治教育做到大学生的心里去

教育工作的开展需要与学生的日常生活联系在一起。想要更好地提升高校思想政治教育的吸引力与实际效果，不能单纯地靠嘴来说，而是需要对当前思想政治教育课程的教学方式进行改变。通过多元化的思想政治理论教育模式，能够更好地发挥出思想政治理论课程，教育工作的实际用途。教师需要将自身的日常行为与学生的思考能力融合在一起，从而真正掌握大学生的思维习惯以及思想特征，让大学生能够对教师产生信服感。与此同时，还要将一些积极向上的思想政治教育工作理念，贯穿在大学生思想政治教育主题活动之中，通过各式各样的校园活动与社会活动的融合，使大学生能够在参与活动的时候获得自我价值的提升，从而将以人为本的整体教学观念，真正地落实在教学工作中提升教学质量，解决好当前高校思想政治教育工作中存在的问题，切实提升高校思想政治教育工作对学生的影响力。

（三）针对性——提倡现实和个性

新时期高校思想政治教育面临的一个重要课题，就是探索在复杂的社会环境中，如何引导大学生学会分辨、学会选择、健康成长，这就要求思想政治教育要有针对性。不同学生群体倡导分类教育，绝不搞一刀切、一勺烩，而是在教育载体、内容和层次上有所区分和侧重。开展差异化、多样化思想政治教育，其最终目的是帮助学生掌握正确的立场、观点、方法，意识到哪些内容是先进且能够促进社会的发展，保障人们根本利益的，而哪些内容则是迂腐能够对社会的发展产生不利影响，并且会破坏广大人民利益的内容。通过对学生的教育工作，使学生能够透过社会现象了解本质，从而更好地促进学生对社会的理解并准确把握社会主义主流的价值观念，具有明辨是非的能力，这样就能防止学生在复杂的社会环境之中受到不良影响，从而产生错误思想。

对校内各种活动和社会实践活动来讲，大学生除了学习书本知识外，还应该积极参加校内各种活动和社会实践活动等第二课堂，包括组织大学生参观革命纪念馆等，增强对中国特色社会主义的道路自信、理论自信、制度自信、文化自信。通过理论与实践的不断结合，逐渐丰富自己的知识，为走上社会打牢基础。对高校而言，想要更好地促进大学生的身心健康成长，除了要开展课堂教育工作之外，还要加强对选修课以及校内各种讲座的开展，通过邀请一些专业的人员来到校内开展讲座，并且回答大学生在日常生活以及学习之中存在的问题，以促进大学生的知识面增长。在课堂以外，教师还可以多组织一些课外活动，由班级或者院系为单位，去让学生按照自己的兴趣爱好参与到活动之中，从而在活动中让学生能够逐步形成良好的团队精神，并且还能让学生发掘自己的兴趣爱好，使生活变得更加积极向上，充分发挥自己的价值。针对家长以及社会来说，需要对学校所开展的各项教育活动予以支持，并且要意识到自身对学生教育工作应负起的责任与作用，不能抵触学校的教育工作，也不能对学生的教育工作放任不管，觉得跟自己没关系，更不能让学生去接触社会上存在着的一些错误的思想价值观念和违反社会道德的相关行为。学校与家长和社会之间要形成联动，相互配合，从而更好地开展思想政治教育活动，使广大青年学生走好他们成长中的每一步。

### （四）科学性——根本方向和出路

#### 1. 指导思想要科学

指导思想必须坚持党的政治路线、思想路线和组织路线，这个前提错了，思想政治教育的指导思想肯定也是错误的。高校思想政治教育的指导思想是坚持以马克思列宁主义、毛泽东思想、中国特色社会主义理论体系为指导，深入贯彻党的十八大以来的精神，全面落实党的教育方针，紧密结合“四个全面”战略布局的实际，以理想信念教育为核心，以爱国主义教育为重点，以思想道德建设为基础，以大学生全面发展为目标，解放思想、实事求是、与时俱进、求真务实，坚持以人为本，贴近实际、贴近生活、贴近学生。

#### 2. 内容要科学

内容的科学性体现在理论贯彻要彻底。马克思说过，理论只要彻底，就能说服人，而理论一经群众掌握，就能变为不可遏制的巨大物质力量。高校思想政治理论课作为大学生思想政治理论教育的主导，是在青年学生中树立正确的世界观、人生观、价值观的重要途径。但在现实生活中，正确的认识过程往往是很曲折的，需要在同谬误作斗争的过程中得以实现。思想政治教育既要注重引导大学生追求正确的“三观”，也要注意引导他们辨清各种错误思潮，与其划清界限。马克思主义理论体系是高校思想政治理论教育的主要内容，是被实践证明了的科学理论。一方面，必须始终坚持马克思主义理论的教育，随着当代马克思主义中国化成果的不断丰富和创新，高校思想政治理论教育的内容也必须随着实践的发展而不断完善，坚定大学生树立正确“三观”的信心；另一方面，面对国际、国内的各种消极因素和错误思潮，必须用马克思主义的立场、观点和方法，通过科学的研究和分析，做出正确的回答和有说服力的辩驳。对一些受到不良影响的大学生，则可以通过摆事实、讲道理，引导他们追求真理，并使之成为青年学生内在的心理需求和自发的行动。

3. 方法要科学

在时代发展的前提下，要正确意识到思想政治教育的规律性，使其更加具有教育成效。在高校的思想政治教育工作开展时需要特定的环境，并且针对特定的学生开展不同的院校人才培养目标，要把充分考虑专业设置上的差异性，以及在同一个专业之中不同年级的学生也会呈现出的不同特征。而同一年级的学生自身的思想道德素养也会不同，所以在开展思想政治教育工作的时候，要选择多样化的方式，考虑到各种各样存在着的差异化情况，但是在一般情况下，不论教育的对象如何变化，教育的方式如何变化，思想政治教育的目标大多都是通过群体或个体教育以及直接或间接教育去开展的。所以，不论采取什么样的教育模式，都需要高校站在学生的实际需求出发，从而有针对性地开展教育并使教育效果更加显著，只有这样才能有效提升高校思想政治教育工作的效率。

## 第二节 高校思想政治教育的目标

### 一、以理想信念教育为核心

对大学生开展正确的世界观，人生观以及价值观的教育，使大学生能够清晰地认知党和人民对自身殷切的期望，从而更好地为了实现社会主义现代化建设而不断努力与奉献，意识到中华民族的伟大复兴需要自身的力量，从而更好地在校努力学习知识，愿意在步入社会后为祖国以及人民的生活做出贡献，只有这样才能使大学生真正地意识到自身的价值，进而坚定理想信念。

## 二、以爱国主义教育为重点

引导大学生增强民族自尊心、自信心、自豪感，做到以热爱祖国、贡献全部力量建设社会主义祖国为最大光荣，以损害社会主义祖国利益、尊严和荣誉为最大耻辱。

## 三、以基本道德规范为基础

深入进行公民道德教育，引导大学生自觉遵守爱国守法、明礼诚信、团结友善、勤俭自强、敬业奉献的基本道德规范，养成良好的道德品质和文明行为。

## 四、以大学生全面发展为目标

开展素质教育工作，使大学生自身的思想道德素养以及科学文化素养得到提升。通过使用全新的课程方案，加强对当前思想政治教育理论课程相关指导思想的改革，坚持以马克思主义以及毛泽东思想和中国特色社会主义理论体系为根本，贯彻我党的相应教育方针，使大学生能够与时俱进，树立起正确的价值观念，形成积极健康的世界观、人生观以及价值观，并且能够以马克思主义的相应观念去指导日常生活，解决生活中存在的问题。将我党的基本路线和方针作为根本，学习中国革命以及建设和改革开放的相关历史，再结合当前我国的实际形势，增强高校的思想政治教育理论课程的丰富性，使课程教育工作的开展更加具有针对性和差异性，让大学生通过教育工作的开展而获益匪浅。

总结历史经验，当前我国大学教育工作的实际目标就是要让学生更加热爱祖国、热爱社会，拥护我党的领导，按照党所规定的相关基本路线去积极奋斗，愿意为中国特色社会主义社会建设做出贡献；有坚定正确的价值观念，并且积极学习马克思主义，树立起科学的世界观；建立起为人民服务的基础意识，保持艰苦奋斗的精神，并且具有良好的社会责任感，在日常生活中能遵纪守法，做一个具有道德素质和健康心理的良好公民；努力学习，积极探索掌握更多的现代化科学文化知识，成为当前社会所需求的高素质人才。总而言之，就是要将大学生培养成为中国特色社会主义事业发展的接班人。我国大学思想政治教育目标体系具体包括以下五个方面的要求。

在思想素质目标上，坚持学习马列主义、毛泽东思想、中国特色社会主义理论体系，树立辩证唯物主义的世界观、历史观，逐步学会运用马克思主义的立场、观点和方法分析现实生活中的政治、经济、文化和道德现象，坚定中国特色社会主义共同理想，树立以社会主义、集体主义为核心的人生观和价值观。努力为人民服务，发扬对国家人民的奉献精神和勇于自我牺牲的精神，顾全大局，正确处理国家、集体、个人的关系，反对拜金主义、享乐主义和极端利己主义。

在道德素质目标上，热爱集体，关心集体，个人服从集体，以集体利益为主，相信依靠集体才能获得成功；明礼诚信，勤俭自强，文明消费，在生活和学习中吃苦在前，享乐在后；积极进取，以勤奋乐观的态度对待生活，对人生、事业、未来充满信心；实事求是，在现实中注重内在的真实性、客观性、有效性，反对片面的表面形式；团结友善，敬业奉献，对待工作、学习和生活有严肃认真的态度，勇于接受各种批评意见，努力培养自己高尚的情操和完美的人格。

在政治素质目标上，了解中国的历史和国情，继承和发扬中华民族优秀文化传统和中国共产党领导下的革命斗争传统，具有强烈的民族自尊心和自信心，自觉维护祖国的利益、荣誉、独立统一和各民族的大团结。具有忠于祖国、献身人民的自觉性和责任感，做一个忠诚的爱国主义者。确立建设中国特色的社会主义的共同理想，拥护党的领导，理解和坚持党的基本路线、方针、政策。

在法纪素质目标上，树立社会主义民主法治观念。自觉地学习、维护和遵守宪法和法律，正确行使法律赋予的民主权利，自觉履行法律所规定的义务；培养大学生的民主意识和能力，自己管理自己，在面对问题时能做出独立的判断和决定，减少从众心理，勇于承担困难和挫折；遵守社会公德和校规校纪，维护集体荣誉，维护学校正常秩序，维护安定团结的政治局面；大学生更应该懂法、守法，担负起法治的崇尚者、遵守者、捍卫者的责任，学会运用法律手段解决生活中的纠纷和矛盾，用自己的实际行动推进依法治国，让法治成为一种信仰，让思想转变为行动。

在心理素质的目标建设中，心理素质是一个人自身心理特征的实际表现，是一个人自身对世界、事物的认知以及情感和行为，对人们的性格以及气质和实际能力水平都会产生影响，因此，大学生需要具有良好的个性心理素养，养成自尊自爱，自律自强的良好品格，具有较强的适应能力以及个人修养，这样才能确保自身在今后的就业以及竞争和恋爱婚姻之中，不畏艰险，不怕困难，始终保持自信且积极的心态。

## 第三节 高校思想政治教育的内容

### 一、思想认识教育

对大学生的思想教育工作开展应该由以下内容构成：第一，大学生的世界观与人生观和价值观的教育工作；第二，教育大学生具有良好的团队合作精神；第三，让大学生树立起良好的学风校风教育；第四，对大学生开展的社会主义核心价值观念的教育；第五，生态文明教育等。世界观的含义是人们对世界所存在事物的基础看法，而当前我国大学生的世界观教育工作是希望能够让大学生在无产阶级世界观的环境下接受教育，主要内容是让大学生通过接受教育能够真正懂得辩证唯物主义的相关概念，让大学生在日常生活中做到从实际出发并且尊重客观事实，具有实事求是的精神，从而更好地去理解实践才是提升认识的唯一渠道，也是对真理进行检验的唯一标准。根据大学生所面临的全新问题不断探究真理，使大学生能够运用唯物辩证法的基础含义，去全面而又客观地看待生活中的各种事物，并且能够针对不同的问题开展不同的分析，善于解决与分析矛盾。打破大学生较为片面地看问题的思维模式，让学生能够树立起正确的历史唯物主义观点，认识到社会发展的相关规律，并且能够真正地明白资本主义社会是必然会被社会主义所取代的，社会主义的发展一定会朝着共产主义社会的方向进步；人民群众才是历史的创造者，需要在自身的日常生活中树立起为人民服务的终极思想；并且要开展科学无神论教育，不追求不可证伪虚无缥缈的东西，以及破除和肃清封建迷信思想。

人生观是属于世界观的一个构成部分，会受到世界观的影响，人生观主要是在人生目标以及态度和价值几个方面所表现出来的，当代我国大学生的人生观教育是为了让大学生更好地掌握共产主义人生观。价值观是指一个人对客观事物和自身行为的作用以及过程的最终评价，也是人们明辨是非从而对自身行为产生影响的一个准则，它能够对人们的行为产生影响，使人们的行为拥有稳定的倾向性。人生的价值和意义在于对社会所尽的责任和所做的贡献，人生的最大价值和意义在于努力为人民服务，无私地把自己的一切精力贡献给共产主义事业。当前大学生应重点学习和践行“富强、民主、文明、和谐，自由、平等、公正、法治，爱国、敬业、诚信、友善”的社会主义核心价值观，树立尊重自然、顺应自然、保护自然的生态文明理念。

## 二、政治意识教育

政治教育内容是由马克思主义基本原理与中国特色社会主义理论体系所构成的爱国主义教育，以及形势政策教育等马克思主义的基础理论教育，是需要大学生在政治教育过程之中着重学习的知识内容。它紧密结合时代发展，使大学生能够更好地掌握马克思主义的基础观点以及方式，并且学习马克思主义在我国的实际理论成果，也就是毛泽东思想和中国特色社会主义理论体系。加强爱国主义教育，对自己国家与民族的认同，这是每个大学生应具备的最基本的公民意识和品质，包括了解中国基本国情，树立和弘扬以爱国主义为核心的团结统一、爱好和平、勤劳勇敢、自强不息的伟大民族精神。培养共产主义事业新一代的接班人，应加强党的基本知识、共青团基本知识的教育，切实地对大学生进行形势与政策的教育，使他们了解社会主义建设的伟大成就和困难，以便认清形势，明确奋斗目标，增强前进的信心，更好地团结在党中央的周围。

## 三、道德教育

道德教育是十分重要的，教育内容不仅会涉及自身与他人之间的关系，还会影响到个人和社会以及与国家和自然环境之间的关系。通过对大学生道德素质的培养，能够使大学生思想政治教育工作开展更加有效，也是构建社会主义精神文明建设的基础，会直接影响到国家未来的发展。自我国改革开放以后，社会生活的各个领域都产生了剧烈的变化，不同的利益关系和价值观念，以及文化思想开始大量涌入我国，而这些内容对大学生自身的道德品质都会产生巨大影响，拜金主义、利己主义、享乐主义等一些错误的价值观念，都会对学生产生负面影响。面对新时代挑战，教育工作者既要保持正确的思想观念开展教育工作，又要及时对教学内容进行创新，确保能够取得实际的教学成效。针对大学生的道德教育工作开展，由以下内容构成。

（一）加强原则和道德规范教育

要求大学生树立以人民为根本，以服务人民为核心的价值观，将集体主义作为根本原则，以诚实守信为道德建设模范，引导大学生能够自主遵守道德规范，提升自身的道德素养，真正地能够在社会生活之中运用社会主义的道德规范来约束好自己的日常行为。

（二）进行劳动与职业规范教育

大学生毕业之后就会步入社会，而大学生在社会之中的工作能力既需要大学生掌握良好的技能与知识，还需要其具有良好的工作责任心。而当前我国有一些大学生在面临工作的时候经常会缺乏责任感，并出现眼高手低的现象，不愿意为工作付出，并且认为收入与付出不成正比的情况。所以，在教育工作中需要加强对大学生的劳动就业指导，使大学生能够树立起正确的劳动观念与工作责任感。社会主义市场经济需要人们在社会之中具有科学、民主、团结、自立的相关思想道德精神，它需要每一个人在社会之中都要在保持自己利益的情况之下考虑到集体的利益，因此，对大学生的培养工作要使大学生意识到权利与义务是相统一的，大学生能够正确处理合作与竞争、自主与监督等各种关系，防止大学生出现利己主义、唯利是图。除此之外，还要加强社会道德感以及职业道德感和家庭美育等各方面的教育工作，弘扬爱国守法、文明诚信、团结友爱、敬业奉献等一些基础的道德要求，使大学生能够在日常的行为中遵循基础的行为准则，并且追求更为高层次的思想道德标准。

### 四、法纪教育

当代的大学生是我国今后社会与国家发展的希望，因此，大学生自身的法制观念以及公民意识会直接影响到国家与社会的稳定与发展，因此，想要更好地对大学生的法律意识以及公民意识进行培养，使其能够知法、守法，就需要通过以下几种教育工作的开展马克思主义教育，包括法治思维教育、法律基础知识教育以及相关纪律规章制度教育。

### 五、心理教育

大学属于一个竞争较为激烈的环境，而针对大学这一年龄段的学生来说，其自身的心理发展还处在一个成熟的过渡阶段，因此，在这一阶段的大学生自身的心理发展还有待提升，并且情绪经常会出现波动较大的情况。在面临一些压力或者冲突的时候，如何能够正确地化解心理压力，是使大学生能够健康成长的关键问题，关系能否培养出高素质的社会主义事业的建设者和接班人。心理健康教育工作由以下几个方面构成，首先要深化对大学生心理健康知识了解，还要帮助大学生预防心理疾病的出现，开展心理卫生健康教育工作以及心理疾病预防工作等。其次要使大学生具有良好的调节适应能力，对大学生开展专项的培养工作，如挫折教育、创新精神以及竞争意识的培养，从而使大学生在心理健康教育之中能够更好地具有创新与开拓精神，并且具有良好的竞争观念。

## 第四节 高校思想政治教育的任务

### 一、“立德树人”的重要性

#### （一）“立德树人”的迫切需要

现阶段，我国的教育工作开展主要是以教育内容以及教育方式为根本希望，以能够探究培养出哪种人才以及如何对人才进行培养为核心，而这也是当前教育事业改革与发展的基础目标，对教育工作的开展方向进行了明确，也凝聚着我党与国家对教育行业的实际要求。因此，在教育工作中要将立德树人作为教育根本，将思想政治工作融入教育的全过程之中，实现全面育人、全方位育人的盛况，使我国的高等教育事业拥有全新的发展，也就是说，立德树人就是我党新时期教育方针的本质要求。

（二）“立德树人”是社会主义事业发展根本

中国特色社会主义事业已经取得了举世瞩目的巨大成就，经过多年的不懈努力，逐渐探索出了符合当前我国实际情况的中国特色社会主义发展道路，而这一方向则具有较为显著的时代特征以及我国的特色。中国特色社会主义道路是在中国共产党的领导下，以基本的国情为根本，将经济建设作为重点，保持四项基本原则，在改革开放过程中不断解放人们的社会生产力，对社会主义的相关制度建设进行完善。

## 二、落实“立德树人”的基本要求

（一）及时充实、更新教学内容

对党的十九大提出的新思想、新观点、新论断进行系统梳理和深入解读，从重大意义、基本框架、理论创新等方面把党的十九大精神和习近平新时代中国特色社会主义思想纳入教学内容，加快构建中国特色哲学社会科学学科体系和教材体系。

（二）改进教学方法

认真抓好思想政治教育课和各类教育课堂教学方法改进的同时，着力开展丰富多彩的第二课堂活动。结合时事政治的重大变化，举行讲座、讨论会、报告会、讲演会等，对大学生进行时事政治教育、爱国主义教育。进行英雄模范人物、“三好学生”，标兵事迹介绍，参观革命纪念地，邀请老干部、知识分子、英雄人物做报告等，对学生进行思想教育。听学术报告，组织学术研讨会、学术研究小组、科研小组，通过这些活动，增长学生的知识，激发他们的兴趣，培养他们不怕困难、勇于探索、追求真理的品质。

（三）鼓励参加实践活动

实践活动包括模拟社会实践活动和社会实践活动。模拟社会实践活动是指具有一定教育目标，在以真实情景为原型的人为情境中进行学习操作的教育活动形式。模拟社会实践活动包括在学校内开展“模拟法庭”“模拟银行”“模拟商店”等。学生通过模拟实践活动了解法律、学习法律常识、增强法律意识;

了解银行的货币存取和商店的商品交换规则，学习理财和合理消费，从而培养正确的金钱观、消费观。社会实践活动是指在思想政治教育工作中，依照思想政治教育目标有组织、有计划地引导学生走出校门，深入社会，在与工人、农民、知识分子、商人等社会成员的广泛接触中了解国情、认识社会，使他们亲身体验、独立自主学习探索，从而提高思想觉悟、发展个性特长、培养兴趣爱好、锻炼意志品质，树立社会责任感和历史使命感。社会实践活动包括学工、学农、学商的生产劳动；植树种草，帮助孤寡老人、维护公共秩序及交通安全和环境卫生的公益劳动；参观访问、社会调查、社会考察、宣传党的方针政策及政治教育活动以及做家务和参加青年志愿者、学雷锋等社会活动。

（四）大力建设教师队伍

“立德树人”，无疑要立“师德”。大学生思想政治工作是一项塑造灵魂的工程，教师则是人类灵魂的工程师，承担着神圣使命。高校所有教师都应紧扣习近平总书记提出的“培养什么样的人，为谁培养人，怎样培养人”的时代课题，勤修师德，培养好的师风学风，然后才有资格塑造学生的灵魂。高校思想政治课教师要践行社会主义核心价值观。无论是在课堂上还是在课外，要严谨做人做事，言谈举止都不能违背社会主义核心价值观，真正实现“全方位育人、全过程育人”。高校思想政治课教师要提高业务能力，善于运用马克思主义的立场、观点和方法解读各种现实问题和社会热点，用足够的理论自信引导学生的思想和认知。并且要密切关注时政，熟悉中央大政方针，紧跟国家发展大势，关注“四个全面”战略布局、五大发展理念、供给侧结构性改革等国家重大举措，用“中国梦”引导大学生关心社会、关心国家和民族的未来发展。通过加强师德师风建设，提高教师的师德水平和业务能力，增强他们教书育人的荣誉感和责任感，引导他们以良好的思想政治素质和道德风范教育影响广大学生，以高尚的人格魅力和渊博的学识魅力感染激励大学生。引导广大教师以德立身、以德立学、以德施教。

大学生思想政治教育要落实“立德树人”，必须坚持中国共产党的领导。高校的党委要确保高校办学方向保持正确，并且严格把握高校思想政治工作的主导权，确保高校能够将社会主义事业接班人的培养作为自身工作开展的基础立场。而高校党委需要对高校内部的工作开展进行全面的管理，制定出正确的办学方针与理念，把握好高校今后的发展方向，并且对高校所制定出的决策进行调整与控制，从而有效提升高校的思想政治教育工作能力。要强化党员教育管理工作，使党员干部能够深入学习“两学一做”精神，在高校内部多培养优秀的青年教师，并且在学生中发展更多的党员，使每一个党员都能够坚定不移地跟党走，知党爱党。

各级党委需要将高校的思想政治教育工作放在首要位置上，对工作开展进行指导，从而形成一个以党委统一领导校内各部门共同努力的统一局面。而各地的党委书记以及相关部门也要多到高校调研，通过与师生的沟通了解高校实际工作开展的情况，并且对师生较为关注的理论、现实问题进行解决；与此同时，还要强化与高校教师之间的联系，使教师的意见能够真正地反馈到党委部门，多听取教师的意见，对当前的教育工作进行改善。

积极培养践行社会主义核心价值观念，也是大学生思想政治教育工作立德树人的基础目标。首先要将社会主义核心价值观念的实际内容贯穿于教学工作以及社会实践等教育的各个环节中，真正地落实到细节处，力求实效。通过教育引导学生抓住关键点，从点滴做起，严格约束自身的行为，不以恶小而为之，不以善小而不为。高校也要加强对教育内容的拓展，多开设一些课堂讲座的方式，对学生进行教育，防止学生由于一些错误的思想观点而产生不利影响。提高学生明辨是非的能力，自觉地去抵御一些错误价值观念与思想对自身的侵蚀。其次要充分尊重大学生的主体性，发挥出大学生在教育工作之中的主体地位，在真正地了解大学生自身的认知特征以及个性差异和实际需求的基础上，将社会主义核心价值观念与大学生的日常生活结合在一起，从而激发出大学生的教育需求，使大学生能够不断地强化自身在教育工作中的自觉性与主动性。最后要弘扬我国道德教育之中的自我教育与道德修养的良好传统，给大学生营造出一个轻松愉快的思想政治教育氛围，从而使大学生能够有自我教育的空间，让大学生能够掌握正确的开展自我教育的方式，并且在社会生活实践之中不断践行社会主义核心价值观念，最终对大学生的核心价值观进行培养。

想要落实立德树人的根本目标，就需要高校在教育工作中保持育人为先的根本教育观念。将育人为本作为自身的教育发展目标需要高校将人才培养工作放在日常工作的首要位置，在人才培养过程中，道德才是最根本的培养工作。一个被社会所需要的人才需要首先具备良好的道德素养以及崇高的志向，因此，德育才是教育工作的根本，高校需要将德育教育工作放在一切教育工作的首要目标上。因而高校的思想政治教育工作不但要对大学生的文化素养进行提升，更是需要关注大学生的思想道德素质，将育人为本和育德为先的理念融合在一起，这样才能使教育工作的开展发挥出真正的效果。

大学生思想政治教育和立德树人的根本目标需要协同发展，大学生思想政治教育工作不能完全依靠高校开展，这是一项较为复杂的系统化教育工程，需要各个方面的资源融合在一起共同推进，才能促进大学生思想政治教育的信息资源得到整合。在对传统较好的教育模式和经验进行借鉴的同时，还需要关注以下几个方面的问题：第一，大学生的思想政治教育工作需要不断运用更多的知识内容，形成一个完善的知识平台，并且学习和借鉴国内外的先进教育经验，通过多方观点的融合，从而为自身的发展提供保障，并且要在各种教育模式之中取长补短、谋求发展，不断在创新之中谋求全新的发展与突破。第二，要在教书育人与管理和服务育人共同开展的情况下进行教书育人。管理育人是要将思想政治教育工作融入日常的管理工作之中，服务育人是通过将更优质的服务提供给学生，从而对学生开展思想政治教育，虽然这几种方式在实际的开展过程中有较大的区别，但是实际的育人目标却保持着一致，因此，在育人过程中可以将这几种方式融合在一起共同运用，从而有效地提升大学生思想政治教育的力度。第三，打造家庭与学校和社会之间的融合互动教育使教育工作能够更加全面开展。首先树立起良好的家庭教育观念，要使周边的社区环境不断优化，为学生的家庭教育提供相应的途径，并且不断探究社会教育的优势，发展社会教育的途径。教师是对大学生开展思想政治教育工作的主要负责人，因此，需要不断对教育模式以及教育途径进行探索与拓展。当前的大学生思想政治教育工作，需要社会与家庭和学校共同联系在一起，构建出三位一体的完整教育格局，从而形成一个由家庭和学校以及社会所形成的教育体系，进一步加强对立德树人教育目标实现。

# 第二章 新时代高校思想政治教育面临的机遇与挑战

## 第一节 新时代高校思想政治教育面临的机遇

### 一、全球化带来的机遇

在中国特色社会主义市场经济的不断改革与发展过程之中，我国整体社会产生了巨大变化，人们逐渐树立起了民主意识与自由意识和平等与竞争意识。随着互联网以及移动技术的不断发展与创新，互联网的广泛应用使得人们自由地获取信息与交流。这些都使大学生的思想政治教育工作具有了全新的环境和机遇。全球化的发展使各种资金与技术和人才都会在全球的范围内大幅度流动，从而推动了经济与文化和政治的不断交流与发展。大学生可以通过各种各样的方式参与到全球化过程中，并且能够更好地了解世界上其他国家的实际发展情况，因而拥有了国际视野。国家之间的经济文化交流能够帮助大学生更好地去根据西方的发展，对我国的整体发展道路以及制度和文化内容进行分析，从而了解到不同制度下的发展优势与劣势，增强大学生对中国特色社会主义道路的文化自信和制度自信以及理论自信。

全球化的发展能够有效提升中国特色社会主义的道路自信。当前我国的经济规模已经处于全球第二位，综合实力也在不断地攀升。相比较来说，西方各国近些年来的经济发展情况正面临着各种各样的问题，与中国经济快速发展所取得的成果相对比，有利于增强大学生对中国特色社会主义道路的自信。可以说，这些年来，我国摸索出了一条与西方不同，但是更为成功的现代化道路，并且已经取得了巨大的收获。而这条道路的发展也促进了多元化发展道路的来临，这是人类社会对发展规律的全新探索，也为全世界各国尤其一些发展中国家提供了相应的借鉴经验。通过历史与实践得知，西方的现代化道路并不是唯一正确的道路，而中国特色社会主义道路更加符合于我国国情，能够帮助我国人民逐渐走向富强。中国的崛起使得大学生更加坚信中国特色社会主义道路的正确性。

全球化有利于增强中国特色社会主义理论自信。经济全球化使得现代化中西方理论能够放在一起充分比较，以此发现优劣之处。大学生认识到资本主义的一些曾经作为探索中国发展道路的西方理论方案在中国行不通。通过对近年来中国改革开放取得的成果，以及对比世界其他发展中国家发展的现状，大学生认识到中国特色社会主义理论体系指导中国人民改革开放，具有科学性、人民性和开放性，为当代中国指出正确的发展道路和方向，迎来了中华民族伟大复兴的光明前景。习近平总书记站在时代发展和战略全局的高度，在改革发展稳定、内政外交国防、治党治国治军等方面发表了一系列重要讲话，形成了一系列治国理政的新理念新思想新战略，深刻回答了党和国家发展的重大理论和实践问题，为理论自信增添了新的底气。这些坚定了大学生对中国特色社会主义理论的自信。

全球化有利于增强中国特色社会主义制度自信。中西不同国别的交流，为大学生开展制度比较研究提供了机会。通过比较各国的社会制度，认识到中国特色社会主义制度是历史的选择、人民的选择。中国共产党领导中国革命、建设和改革的经验、智慧结晶，是当代中国立足国情、继承传统、人民至上、包容互鉴、求同存异的最新成果。大学生认识到西方的自由民主制度虽然曾推动了历史的发展，但也充满弊端。全球化提供了便利的条件，使得学生能够比较研究，能够发现和认识到中国特色社会主义制度的科学性、优越性、先进性。

全球化有利于增强中国特色社会主义文化自信。全球化促进了我国文化繁荣发展，丰富了人民群众的文化生活，加快了我国文化对外传播。中西文化交流愈加频繁，各类书籍、期刊、报纸丰富，尤其在互联网快速发展的条件下，大学生通过计算机、手机等电子设备得以充分了解西方文化。

通过学习和对比，能够认识到中国特色社会主义文化既传承了中华优秀传统文化的精髓，又吸收了西方先进文化的养分，还继承和发扬了中国共产党领导创造的革命文化和社会主义先进文化；中国历史文化传统和国情有着独特性，中国文化发展必须走独立自主的道路，不能照搬照抄西方自由民主文化，探索中国社会发展不可能脱离特定的历史条件和文化传统：全球化给中国文化对外传播提供了条件和平台，提高了中国文化对外影响力，彰显了中国文化价值。随着全球化推进，文化多样化深入发展，大学生对中国文化在世界范围内的影响力有了全新的认识，增强了中国特色社会主义文化自信。

## 二、市场经济带来的机遇

社会主义市场经济有利于增强师生之间的互动。在我国计划经济年代，思想政治教育的模式十分单一，主要就是教师向学生灌输一些相关理论观念，而学生在接受教育过程中处于被动的地位。当市场经济出现后，我国大学生的主体意识明显更为突出，学生在学习过程中更加愿意凸显出自身的主体位置，希望能够多与教师进行互动交流，并且与他人分享自身的观点和看法。所以，在教学活动开展时，学生便拥有了更强的积极性与参与性，思想政治教育的第一课堂和第二课堂变得更加活跃，这些都增加了思想政治教育的实效性。

社会主义市场经济为大学生提供了理论与实践相结合的机会。随着市场经济的发展，我国的经济正朝着更好的方向进步，而大学生也有了更多的机会能够直接参与到市场经济的活动之中。在参与市场经济活动过程中，大学生能够了解到各种各样的学习案例与素材，并且将自身在课堂上掌握的理论知识与社会实践融合在一起，使二者之间相互促进。在课堂中大学生能够去根据理论知识思考社会之中所存在着的各种各样的现象与问题，而在社会实践之中，大学生则会将课堂中所掌握的知识内容运用在实际的问题分析以及问题的解决上。不仅如此，参与社会主义场经济活动还提升了大学生分析与解决现实问题的能力，大学生作为受教育者，除了在校园内获得理论知识、科学方法，还从与其他公民交往中获得了生活经验、工作技巧、职场能力等素质。总之，市场经济发展使得大学生积极参与市场活动的意识显著提高，他们在分析与解决问题的能力上得到整体性的发展。

社会主义市场经济为思想政治教育提供了物质基础。思想政治教育活动作为教育活动的有机组成部分，需要赖以生存和发展的物质基础，经济越发展，生活水平越高，大学生越有信心学习、参与思想政治教育活动，对国家制度、党的政策认可度也越高，思想政治教育效果也就越佳。反之，如果经济发展停滞不前、持续下滑，生活水平得不到保障，大学生就业率低，失业严重，学生就越没有动力和信心学习及参与思想政治教育活动，只会关注与就业有关的专业知识，对政治理论课漠不关心，思想政治教育活动开展的效果就会越来越差。社会主义市场经济的发展使得社会物质产品、精神产品极大丰富了，增强了大学生对生活的信心和对未来共产主义美好社会的向往，社会主义市场经济发展为思想政治教育创造了不可或缺的物质基础，其创新驱动等因素，为思想政治教育活动带来了新的生命力。

### 三、科技革命带来的机遇

当前新科技革命是以信息技术的广泛运用为根本开展的，当前信息化、数字化与网络化成为我国社会经济发展的总体趋势，当前我国的互联网普及率已经超过了 70%，并且超过了全球平均水平 5%，我国的网民人口已经相当于欧洲的人口总数。这些数据都能够反映出我国互联网发展迅速以及成果。

随着互联网技术的迅速发展，网络上出现了许多的交流平台，如贴吧、微信、QQ 群、微博等平台都是大学生在日常网络使用中经常使用的 App，而不同平台上能够了解到不同的政治观点。通常我们都能看到一篇流传较为广泛的文章，在微信朋友圈点击量能够超过 10 万次，而在这些文章中，有的是对社会现象的评价，还有的是对经济的分析以及热点新闻的探讨，这些内容都能够让大学生了解到更多的政治知识，并且通过这些知识的传播使大学生能形成不同的政治见解，并站在多元化的角度，去对政治新闻进行评价与分析，互联网的运用不仅给人们提供了下载的平台，还能够上传更多的内容，让大学生能够在平台中通过上传自身的发言，表达自己的政治见解以及对各种事物的看法。

科技方式的转变使大学生思想政治教育具有了全新的发展。通过互联网的运用，让大学生的日常学习与生活模式都产生了极大的改变，使大学生能够通过更多的方式来与他人交流与互动，这样就使每一个人都能够与集体联系在一起，使个体的力量变得更加强大。在互联网运用下社会构成了一个整体，每一个个体与组织都在其中，并且能够高效低成本地运转。互联网时代的主要特征就是大数据与信息共享，而思想政治教育工作的开展，则随着互联网的运用不断地深入到了社会的各个行业及领域，互联网能够到达的地方都能够看到思想政治教育工作的内容。当前互联网在我国的普及程度已经十分广泛，人们通过电台、报纸、电视移动客户端，就可以在互联网上掌握各种新闻信息，并且人们日常还会关注一些主流的媒体公众号或者电子刊的报刊以及微信公众号等，实时了解新闻政治以及社会热点事件，并且还能够在互联网上直接对世界说出自己的评价，而这在互联网普及之前是根本不可能实现的。思想政治教育工作的空间得以拓展，使大学生也能够提升政治认知与参与度，从而更好地促进了移动互联网的发展以及对思想政治的影响。移动互联网的出现给人们提供了一种全新的生活方式，并且也对思想政治教育工作开展的方式与空间进行了拓展，使思想政治教育工作的成效得到了显著的提升。

可见，新科技革命给思想政治教育的发展提供了历史新机遇，无论是互联网、信息技术、数字化在推动受教育者自身素质的提高方面，还是使得教育者能够借用新科技革命成果开展思想政治教育活动的便利方面，或是科技革命在创新思想政治教育手段、丰富思想政治教育载体、拓宽思想政治教育空间方面，它都以一种不可估量的因素推动着思想政治教育活动向前发展。

## 第二节　新时代高校思想政治教育面临的挑战

### 一、全球化背景下高校思想政治教育的新挑战

#### （一）对社会主义道路认同的挑战

经济全球化、文化多样化，这是众所周知、不容置疑的共识。世界各国经济的频繁往来、交换，相应地，带动各国文化的相互交流。不同文化的相互碰撞，或多或少地会给一国文化带来“印记”。就我国而言，当前大学生

面临形形色色、林林总总的文化“饕餮大餐”。各种文化都有自身“魅力”与“缺陷”，部分缺乏甄别能力的大学生或许只看到一种文化的“魅力”，被其“魅力”蒙蔽了双眼，甚至冲昏了头脑，失去了理智，对该文化的“缺陷”视而不见、听而不闻。

正是多元文化的冲击、影响，造成当前大学生文化选择的困难，他们仿佛处于文化的“十字路口”，向东还是向西？往左还是往右？他们陷入选择的困局，处于方向性缺失边缘，沦为不折不扣的“迷途仕子”。如何为面对光怪陆离多元文化的大学生指明选择、前进的方向，成为高校思想政治教育的一大挑战。高校思想政治教育是时候“大显身手”，肩负起为大学生“指点迷津”的重任，成为大学生至亲至敬的人生“导师”。

### （二）对社会主义理论认同的挑战

在围绕中国如何改革与发展的过程中，有关政治、经济理论主张始终存在各种讨论和交锋。在某些时期，意识形态领域的斗争依然激烈。在具有影响力的社会思潮中，既有旧的，也有新的，这些思潮以各种形式通过互联网、书籍等媒介得以传播和影响，干扰了当代大学生对主流意识形态的认知和理解。全球化挟裹各种不同社会思潮冲击中国主流意识形态，影响了大学生对中国特色社会主义理论的认同。西式新自由主义、民主宪政、民主社会主义等思潮长期冲击我国主流意识形态。

### （三）对社会主义文化认同的挑战

随着中国对外开放的深入，怀有政治意图或宗教色彩的境外民间组织入境活动也在增多，资本主义国家中文媒体对华影响也在加大。大学生容易被这些组织或媒体偏颇、错误的观点所迷惑，从而从各个层面影响大学生对中国特色社会主义文化的认同。

## 二、经济社会转型带来的不同问题

### （一）负面影响

社会环境的不断转变，导致大学生的个体特征变得越来越多元化，而各种民生问题也会给思想政治教育工作的开展带来一定的影响与困难。一些贪污腐败的现象，导致党与政府在人民心中的威信与公信力丧失，也给思想政治教育工作带来了难度。目前，大学生所处的社会环境与以往相比较来说差异较大，各种社会原因导致大学生的价值观念产生了变化，而且在社会的变化过程中有许多消极的价值观念也开始逐渐传播开来，对大学生的整体思想觉悟产生了影响。受社会环境变迁的影响，在大学校园里，不同学生来自不同经济收入、职业背景的家庭，受其家庭和社会的影响，会产生不同的价值观念和行为习惯。其经济收入、消费能力包括知识积累、家庭生活方式等也存在较大差异。学生之间存在一定的隔阂和价值观念冲突，出现大学生价值追求多样化的现象，学生存在消费攀比、铺张浪费等现象，甚至有不良的生活作风。

（二）各类难题

随着社会主义市场经济体制的改革，所有制结构和分配方式发生了深刻变化，加之区域因素、政策因素影响，居民收入拉开差距并呈现分化状态。收入差距过大现象严重，随之而来的是各类民生社会问题的呈现。当前，我国经济增长进入新常态，具体看来，房价、城市治理、留守儿童、医疗卫生、乡村教育等问题依然突出。民生问题既是经济问题、社会问题，又是政治问题。我国经济社会转型期的民生问题，是国家和政府要面对的重要问题，民生问题能否得到解决，体现出我国政府是否有足够的政治意志和政治决心，民生问题的解决关乎全面建成小康社会，也反映着党和政府落实以人民为中心的思想和治国理政理念。突出的民生问题给思想政治教育带来了难题，财富分配不均、利益格局调整、社会结构分化、社会矛盾突出，这些关乎生存的民生问题有待于高度重视并逐步解决。民生问题解决的好坏，直接体现党的执政能力、执政水平是否到位和执政地位是否稳固。

（三）多元化价值观

随着我国社会主义市场经济的发展，资产阶级的自由主义、个人主义、享乐主义、利己主义等价值观不断冲击、挑战社会主义核心价值观，对社会发展产生负面作用。这些资产阶级价值观对大学生的价值观、人生观的形成产生不利影响，误导他们做出错误的行为。在价值判断上，往往将西方价值观视为价值标准，在判断一个人是否成功时，往往用金钱多少、地位高低进行衡量，分辨不清人生的真正价值。我国贫富差距过大，基尼系数远超国际警戒线，贫富差距过大容易引发人们思想震荡、价值真空与信仰缺失。西方价值观与社会主义核心价值观交织并存，价值多元主义、价值相对主义以及价值虚无主义对大学生社会主义核心价值观培育工作构成了极大的挑战。价值观多元化倾向，挑战了社会主义核心价值观，对思想政治教育来讲，无疑加大了复杂性，增加了难度与挑战。随着我国经济社会转型深入推进，这些多元化的西方价值观将对大学生的世界观、人生观、价值观产生深远影响。

## 三、新科技革命带来的挑战

### （一）信息化、网络化对思想政治教育新课题

在信息化视域下，大学生群体被置于丰富多彩的信息媒介环境中。首先，信息化条件使教育模式发生转变。相比传统教育模式，当代大学生更倾向于接受轻松、简明的“快餐式文化”，更热衷于聆听采用多媒体方式进行教学的课程。多信息媒介具有超越简单文字的生动性及获取信息的直观便捷性，这在一定程度上能够提高大学生的学习与认知效率，有助于建立师生之间民主平等的教学关系。其次，信息化条件使学生拥有对各类教育资源进行选择和重组的决策权与主动权。信息网络的发展便捷了大学生间的沟通与交往，在多样化信息的影响下，他们的思维理念不断创新，有助于树立适应时代需要的现代观念。因此，在遇到抉择与判断时，他们能够独立思考，勇于改变自己的现状，虚拟与现实的相互交织赋予了大学生群体在高校思想政治教育活动中的自主权与主导权。最后，信息化条件使大学生的价值取向发生变化。在信息网络所构筑的虚拟世界中，他们可以无拘无束地表达自己的想法，甚至可以隐去自己的现实身份，这容易引起一些大学生社会责任感的缺失与集体意识的淡泊。一些非主流价值文化的广泛传播从某种程度上削弱了我国优秀传统文化的影响，在一定程度上阻碍大学生对我国传统道德观与主流价值观的认知。

### （二）挑战大学生甄别信息的能力

互联网为信息发布与共享提供了畅通的渠道，成了人们获取各类信息的工具，尤其近年来移动终端设备的发展带动了移动互联网的飞跃发展。大学

生使用手机畅游移动互联网获取各类信息，由于他们处于理论知识的学习阶段，知识体系和思维方式处于积累过程中，对社会缺乏深入的认知和理解，尚未形成一套成熟的知识系统与思维体系，缺乏对事件和问题的科学分析和辩证看待，在复杂化的网络内容面前，难以完全分清与剔除负面消息，不可避免地受到互联网的负面影响，这就给错误思想、思潮以可乘之机。互联网信息传播中还充斥着大量的西方政治意识形态、社会负面消息、谣言、低俗信息等内容，它们都借助于移动互联网等新媒体来增强其影响力，企图以话语内容的复杂化消解马克思主义的权威性。如果大学生识别不出其目的与真相，就会被其所迷惑，从而影响其世界观、人生观、价值观，这给大学生思想政治工作带来了严峻的挑战。

（三）依赖网络的行为习惯给错误思潮以可乘之机

大学生通过搜索引擎检索信息，通过门户网站获取新闻信息，通过网络论坛与贴吧发表与寻找问题，通过微博、微信朋友圈、QQ空间发布生活与工作动态、在线交流等。互联网成为大学生的生活必备品，找学习资料，解答疑难问题，查找作业、论文、调查报告等，这种网络行为习惯已经在大学生中普遍存在。过分依赖网络是过于信任网络内容，把网络中的文章、图片、视频等内容视为符合客观实际的、正确的，这就给错误的、似是而非的内容影响大学生以机会。

## 第三节　加强新时代高校思想政治教育的对策

### 一、增强大学生的四个自信

（一）坚定中国特色社会主义道路，增强道路自信

大学生对中国特色社会主义发展道路的文化自信受到了经济全球化的影响，要想更好地体现出我国特色社会主义道路的正确性，就需要提升大学生对中国特色社会主义的道路自信感，通过这种自信的提升，能够帮助大学生了解资本主义与社会主义的差距，从而意识到中国采取的社会主义取得的巨大成就，中国特色社会主义取得成功的示范作用。历史地看待资本主义与社

会主义，虽然潮起潮落，但中国特色社会主义正在引领世界经济、政治、文化向前发展，要坚信并看到，资本主义逐渐衰落，最终将走向消亡，社会主义逐渐成长，最终将取得全面胜利的这种大趋势。

（二）打造中国特色话语体系，增强理论自信

话语体系的完善和话语权的提升对强化马克思主义的意识形态地位有着重要作用，增强中国特色社会主义理论自信需要建构当代中国话语体系，努力提高中国国际话语权。

1. 要创新标示性概念，打造主流意识形态标签

我国主流意识形态包含了大量内容，要给主流意识形态内容赋予新的标签、标示。新标识、新概念、新名称、新表述本身就是对理论创新的表现，好的标示性概念容易被记忆和传播，更利于人们去关注，尤其现在处于移动互联网时代，给主流意识形态赋予了好的标签、标示概念，更容易得到传播。随着中国特色社会主义建设发展，加强马克思主义话语体系建设至关重要，“中国梦”“四个自信”“四个全面”“五大发展理念”这些最新的理论都是中国共产党对中国特色社会主义建设的科学总结，都是最新的理论表述。

2. 要开拓国际视野，提升中国特色社会主义国际话语权

当今世界的话语主导权仍然由资本主义掌控着，以英语为语种的新闻媒体占据着世界舆论的主导性地位，中国特色社会主义话语权与资本主义话语权之间的强弱仍有相当大的差距。意识形态的传播与影响要突破旧的视野，树立全球化眼光，敢于走出去，提高中国化马克思主义的国际影响，提升中国国际话语权。开拓国际性影响，还要加大中国媒体在国际范围内的影响力，大力输出“中国故事”，扶持一些主流政治媒体建立英文网站，建立一批具有国际影响力的学术研究网站，打造一定量的国外教育与智库研究机构，把用户群拓展到境外，把中国特色社会主义理论传播及其影响力拓展到全球。

（三）完善中国特色社会主义制度，增强制度自信

中国特色社会主义制度的形成和发展是一个动态的过程，增强制度自信，要科学看待其形成、现状和未来，用发展的眼光对待中国特色社会主义制度。增强制度自信，要历史地把握制度形成。中国特色社会主义制度的形成经历

了几十年的探索，是被中国特色社会主义实践证明了的、符合中国国情和实际的科学的制度体系，要认识到这一制度为我国社会制度、基本制度、具体制度的关系奠定了基础，是中国特色社会主义道路发展的根本保障。增强制度自信，要科学认识现存制度，对我国的根本政治制度、基本政治制度、基本经济制度以及其他政治制度、经济制度、文化制度、社会制度有全面的、科学的认识，要区分中国特色社会主义制度与西方国家制度的本质不同，扫清有关中国特色社会主义制度的错误认识。增强制度自信，要坚持推进完善制度，中国特色社会主义制度的顽强生命力在于其不断地发展，要认识到制度自信并不是以制度的完美无缺、天衣无缝为基础的，制度不完善并不必然会导致制度不自信，只有不断坚持和完善中国特色社会主义制度，才能增强我们的制度自信。

## 二、正视社会转型矛盾，化解矛盾冲突

### （一）优化三个环境

#### 1. 优化社会育人环境

社会环境由政治环境、经济环境、法制环境、科技环境、文化环境等综合组成，社会环境作为影响大学生“三观”成长的外部因素，有着不可忽视的地位和作用，学生在学校所形成的“三观”需要在社会环境中检验、修复、重构，因此，需要运用多种手段优化社会环境。社会环境的优化依赖于政府、媒体、大众等多个方面的努力，政府、媒体、大众等给予社会更多的正面能量展示，消除和挤压那些负面的信息、观点，为大学生成长提供有利的社会环境。一些负面事件，经过新闻报道、公众讨论、媒体评议等过程，揭示事件本质，给予解释，使大众认清了事情的本源，平复了大众的情绪和提高了群众的认识。

#### 2. 优化学校育人环境

学校环境直接关乎学生成长成才，学校的点点滴滴都在影响着学生：①营造良好的文化氛围。良好的文化氛围是一所学校健康发展不可缺少的条件，要注重特色校园文化建设，努力营造浓郁的文化氛围。②完善和优化校园文化建设硬件设施。学校在建设校门、教学楼、实验楼、图书馆、宿舍楼、

食堂、运动场时，一定要统筹规划，整体布局，艺术设计，以及在绿化、美化、知识化等方面进行整体考虑，并要与学校的历史文化传承、社会文化氛围浑然一体、统一和谐。③不断地提升全校教职工队伍的素质。有些学校忽视对担任教学之外的教工的培训和指导，导致教工育人功能不足，学校应加强对专业课教师、管理人员和后勤保障人员的培训和指导，营造良好的校园环境。

3. 优化家庭育人环境

家庭环境对孩子的成长来说具有重大的影响，而这种影响的程度，则会取决于整体家庭环境，因此、要想更好地开展家庭育人工作，就需要家长首先意识到自身在教育工作中的重要职责。

①家长要对家庭环境进行优化，给孩子提供一个良好的情感环境。夫妻之间要和睦相处，遇到事情的时候一定要避免在孩子面前产生争吵，以免孩子受到影响，出现不正当的言行举止，并且在教育过程中也要给孩子一定的尊重，让孩子去独立完成一些事情，这样才能更好地帮助孩子锻炼解决问题的能力。在孩子做了错事的时候也不能直接对孩子进行打骂，要使孩子通过理解道理去改正自己的行为，并且要及时与孩子多进行沟通交流，把握孩子的实际心理状况，通过交流和一些体育娱乐活动的参与，让家长与孩子之间能够相互了解增进感情。尤其当孩子在活动中遇到困难与挫折的时候，家长要多对孩子进行帮助与引导，让孩子能够感受到来自家庭的温暖。②优化智力环境。注重创造家庭的求知氛围。家长要勤奋好学，善于思考，在父母言传身教下潜移默化，使子女从小好学、好问、好思。创造良好的实践环境，善于发现和培养孩子的兴趣。③优化道德环境。父母在日常生活中要注重社会公德、职业道德和家庭美德，率先垂范。爱祖国、爱人民、爱劳动、爱科学、爱社会主义；爱岗敬业、诚实守信、办事公道、服务群众、奉献社会；尊老爱幼、男女平等、夫妻和睦、勤俭持家、邻里团结；等等。

（二）搞好民生建设，增加人民获得感

当代大学生对社会的关注度较高，在民生问题上，政府要在房价问题、城市治理、留守儿童、医疗卫生、乡村教育等问题解决上下足功夫，切实搞好民生建设，增加人民群众的获得感。还要做好宣传工作，使大学生看到政府在解决民生问题方面的措施和成果。对与大学生切身利益有关的民生问题，国家、社会、学校各方面应该下足力气解决，做好就业指导、职业发展规划等，使得学生对专业充满信心，对就业充满希望，对社会充满责任；院系要在专业培养方案等教学内容上适时调整，使得学科发展符合社会需要，使得学生的专业知识结构与市场岗位需求有效对接。思想政治教育工作者要引导大学生进行职业规划、学业指导、心灵关怀，对关乎大学生切身利益的问题及时发现并给予解决。近年来，政府大力拓展就业岗位以提高收入，鼓励互联网共享工具方便出行，发展信息技术，减少数字鸿沟，推动教育改革，点亮希望之光，规范金融服务惠及广大民众，改善生态环境，提高生活质量，医疗水平稳步提高，党和政府不忘初心，纵深推进全面建成小康社会。

（三）践行社会主义核心价值观

经济社会转型的当下，多元价值观挑战社会主义核心价值观，学校在培养大学生社会主义核心价值观上要下足功夫，不能仅仅依赖第一课堂，应通过第二课堂、第三课堂给学生更多的机会去践行社会主义核心价值观。①讲解好第一课堂，夯实大学生理论学习能力。大学生能够自觉认知社会主义核心价值观，高校理论课堂是第一课堂，要使大学生学习好社会主义核心价值观理论内容，内化于心。②组织好第二课堂，夯实大学生实践活动能力，使大学生能够通过课外实践活动去体会社会主义核心价值观，在校园内按照学校教育教学组织的活动要求，开展第二课堂实践活动内容，对大学生从理论到实践认同社会主义核心价值观有重要意义。③实践好第三课堂，提高大学生的社会认识能力，使大学生能够自觉践行、示范、传播社会主义核心价值观。当前，网络在多元化价值观传播中起着重要作用，第三课堂主要是学生自由控制的社会实践活动，缺乏学校直接管理。因此，政府和学校要协同做好第三课堂的引导，通过打造教育微博、微信群，搭建网络互动社区，创新网络教育等方式，把社会主义核心价值观内化于心、外化于行、固化于制、实化于行，自觉抵御西方价值观的侵蚀。

## 三、加强对互联网的监管与引导

### （一）制定法律法规

通过打击互联网违法行为的典型案例教育网民，规范其使用行为，切断攻击国家和社会主义制度不法分子的网络、网站，把互联网监管的责任转移、分担到互联网企业管理者那里，并把监督的权利通过一定形式赋予网民，发动网民的力量打击不法行为。

### （二）加强网络监管

政府和主流媒体以及学校等社会组织应该高度重视互联网的使用，把互联网作为宣传正面能量的平台，让正面能量掌握互联网舆论场的主阵地，负面能量就没有活动的空间。移动互联网几乎成为人们日常生活中的必备工具，成为生活中不可或缺的组成部分，通过移动互联网搞好思想政治教育，是思想政治教育工作者所应掌握的基本技能。

### （三）优化网络环境，加强宣传

商业互联网以营利为目的，在内容制作上以市场需求为导向，追随互联网科技潮流，应该倡导互联网商家把社会主义核心价值观落实到互联网经营活动中去，注重在日常管理中体现鲜明的价值导向，使符合社会主义核心价值观的行为得到倡导和鼓励，违背社会主义核心价值观的行为受到制约惩处。

### （四）夯实基础知识，提高辨别能力

大学生能够熟练地使用互联网，但并非都用于学习，有的学生仅仅把互联网作为聊天工具、消费渠道、消遣平台，大学生对网络信息的识别与判断，也缺乏必要的指导。互联网作为一项科学技术被广泛应用到商业市场，内容纷繁复杂，不同内容在传播中的市场份额占有度差别大，“劣币驱逐良币”现象时有出现。学校担负着教育责任，应对大学生科学使用互联网给予必要的指导，包括如何使用互联网查阅科学研究成果、如何培养良好的网络阅读习惯，避免大学生无序地使用互联网，抵御负面内容的侵蚀。高校需要重视对大学生正确使用互联网的课程安排，为了能够给学生提供科学使用互联网的指导，需要有相关课程，既可以是短期的培训、讲座，也可以由思想政治课教师、辅导员或相关专业课教师担任，这样，学生就把消遣娱乐所依赖的

互联网转化为学习的好帮手。此外，政治理论课教师自身要有较高水平的互联网使用技能，面对互联网成为意识形态领域争夺的重要场所，仅仅依靠课堂教育不足以应对新形势，政治理论课教师自身要学会识别、应对、反击网上的非主流及反主流意识形态内容，重要的是要教会学生使用这套技能。

（五）养成良好习惯，科学使用网络

心智不成熟是大学生对是非问题辨别能力差的主要原因、自身原因，来自国内外的非主流思潮、反主流思潮、谣言、反动言论等在网络中泛滥，这让错误的思潮渗透和侵袭找到了可乘之机，求新猎奇心理极强的大学生很容易受到错误思想的蛊惑，加大了思想政治教育的挑战。要尊重并善于利用大学生思想活跃、求新意识和批判精神强烈这一现实特征，通过丰富课程内容、提高教学技能、提升课堂教学水平，使得大学生对“第一课堂”的思想政治理论课保持热情和喜爱。在信息繁杂的时代，对信息的甄别和判断取决于大学生自身的辨识能力，提高其辨识能力和独立思考能力至关重要。在课堂教学及实践活动中，应锻炼、培养学生的主动学习能力、独立思考能力以及问题分析能力，使之养成良好的思考问题习惯，更重要的是培养学生自觉把马克思主义理论作为认识问题、分析问题、解决问题的理论武器。

## 四、坚持全程育人，创新思想政治教育

（一）创新教学方法，探索新途径

思想政治理论课教学内容、方法都要不断地改革与创新，要有实质性的推进，尤其要改革创新灌输理论、旧的说教方式。

首先，提升学生主体地位。思想政治理论课既要坚持灌输理论，又要避免简单说教，强调要以学生为主体，提升学生主体地位，调动学生理论学习的积极性和参与性，注重区分不同层次的学生，把握不同学历程度、不同专业层次的学生特点，尊重学生个体差异，比如，民族习俗、爱好倾向等，有针对性地开展思想政治教育。

其次，探索新途径、新方法。通过对案例的解读、视频的播放、图片的解析等传达课程的内容。调整课堂教学输出模式，讲解概念要与生活案例结合，讲解原理要运用到现实中，有历史的就要有现实的，比如，历史虚无主

义搭载移动互联网的便车兴风作浪，如果政治课教师没有研究这些内容，对移动互联网传播历史虚无主义的路径没有讲清楚，就会缺乏说服力，缺少直观性，也难以吸引学生关注课堂教学。

最后，使用好网络手段。口头讲授与板书结合的方式在过去扮演着重要的角色，但在互联网时代，学生对互联网的使用需求和习惯，要求教师们应该把部分课程教学内容搬迁到互联网上，借用互联网的优势，与学生在互联网上共同进行学习、交流、互动，提升教学效果。

### （二）加强辅导员培训，提高工作能力

辅导员不仅是学生学业的指导老师，还是学生职业的规划老师，也是学生心灵的雕塑老师，更是学生政治立场的锻造老师。要打造一支思想政治工作水平高的辅导员队伍，充分发挥专职辅导员的思想政治教育功能。①辅导员队伍重点引进思想政治教育专业人才，尤其非人文社科类的学校、院系，更要在辅导员引进时选拔思想政治教育专业人才，学科之间交叉，不同专业背景的人才融合发展，才能凸显优势和创造特色。②通过辅导员职业与技能培训强化思想政治教育工作能力，在辅导员的培训与进修上，要强化思想政治教育模块，培养辅导员的政治理论素养和功底。③把思想政治教育工作融入日常学生的管理工作中，辅导员拥有比专职政治教师开展思想政治教育更多的群众基础和直接管理优势，而发挥这一优势的前提是辅导员自身要有较高的思想政治理论水平和丰富的学生管理经验。④要重视辅导员队伍建设，规范担任课堂教学规定，完善编制待遇、职称评定与岗位晋升等规定。

高校应强化专业教师的思想育人功能和责任，使专业教师能够在课堂教学与课外指导中融会贯通思想育人理念，把专业之外的成人成才理论传输给学生，真正成为良师益友。首先，作为高校应强化专业教师落实育人理念，在教学评估和考核中，教师思想育人作为考核内容之一，不应该流于形式，逐步完善现有思想育人考核机制。其次，教师自身应该树立思想育人的理念，心中要有思想育人的意识，在课堂和课外都要与学生保持联络，师生互相学习、互相交流，这样，师生才能共同进步。要不断强化专业教师的思想政治教育责任，发挥那只看不见的思想政治教育“隐形之手”功能。

# 第三章 “互联网 +”视域下思想政治课教育教学原则与理念

## 第一节 思想政治课教育教学的主要原则

### 一、主体性原则

（一）不断加强调查研究

只有通过详细的调查研究才能对大学生和当前的思想政治课教育教学状况有充分和准确的了解，才能掌握大学生的各种需要以及他们的性格特征，从而有的放矢，根据具体情况改进和实施思想政治课教育教学。这一工作的重点在于抓住“互联网 +”视域下思想政治课教育教学过程中大学生思想和行为方面的主要矛盾，尽可能地满足其成长成才的知识和情感需求，对他们形成有效指导。

例如，对刚进入大学的大学生来说，他们对网络技术的需求是帮助提高自身的学习能力，提高综合素质，因此，在对他们进行思想政治教育时，重点是要为大学生提供一个良好的校园网络文化氛围，帮助他们掌握网络学习的正确方法，培养良好的网络素养，加强自身对网络信息的选择，防止大学生沉溺于网络世界无法自拔，自觉抵御不良信息对大学生的伤害。而对大三、大四的学生来说，他们已经适应了校园网络文化环境，在进行网络活动的过程中已经能够对自身的行为进行控制，并且增强了参与网络公共事务的自觉性。因此，对大三、大四学生进行思想政治课教育教学，必须注重他们的主体性，充分发挥他们的主体意识，对他们的网络事务的观念和行为进行规范，保证大学生的健康发展。在“互联网 +”思想政治课教育教学中，要注意使用恰当的教学方法，充分发挥互联网的教育阵地作用，疏通互联网沟通机制，密切教育者与被教育者在网络和现实中的沟通与交流，建立网络和现实社会中的反馈机制，让大学生养成良好的民主实务参与观念，不断完善思想政治教育机制。

（二）挖掘大学生的主体能动性

将互联网技术与思想政治课教育教学相结合时，除了要发挥教育工作者的主体作用，也要尽可能地使大学生发挥其自我教育的主体作用，全面推动“互联网 +”视域下思想政治课教育教学工作的实效性。

## 二、疏导性原则

在“互联网 +”思想政治课教育教学工作中，需要遵守的一条重要原则是——疏导性原则，这一原则体现了思想政治课教育教学“合目的性”和“合规律性”的统一。

在大学生思想政治课教育教学中，一个突出的特点就是带有明显的目的性，这种目的性是人主观意识的客观反映，既能体现出当前阶段社会发展的要求，又能体现出国家和人民的需求。“互联网 +”视域下的思想政治课教育教学工作还体现出目标指向性和价值取向性，要使思想政治教育在多元的网络文化环境中始终占据主导地位，代表正确价值观的形象，通过正确的网络手段或是渠道对社会舆论进行引导，维护人民的利益，同时还要批判网络上那些庸俗、偏激的思想和观点。与传统的教育环境相比，互联网是一个新开辟出的教育环境，因此，将其作为思想政治课教育教学的新阵地，必定还要去面对和解决很多问题和难点。例如，如何引导和把握网络文化就是思想政治课教育教学当前面临的一个重要问题。互联网技术的发展和网民人数的急剧增加共同推动了网络文化的产生，人们可以相对自由地以匿名状态发表自己的观点，这种状态的发展催生了一套独属于网络空间的话语体系。在这一网络话语体系下，怎样构建思想政治课教育教学的话语体系，怎样让大学生尽快适应网络环境中的表达方式，怎样实现教育者和受教育者之间的有效沟通，都是“互联网 +”思想政治课教育教学工作所要面对和解决的问题。

又如，互联网技术的发展在使得信息传播呈现开放性、去中心化等特点的同时，也使得人的认知和思维能力突破了边界，在虚拟时空得到了新发展。但网络利弊共存，如何使人们清楚地认识网络技术对其思想行为的影响，如何趋利避害、以我为主、为我所用，如何有效辨别各类信息而不使得自身的思想行为遭到蚕食。再如，网络舆情的把握和舆论危机的应对问题。怎样才能够对网络舆论的发展规律有所了解并采取适当措施对网络舆论加以控制，怎样才能有效应对网络舆论危机。以上都是“互联网 +”思想政治课教育教学过程中必须考虑和解决的问题，如果不提前未雨绸缪或是及时解决各项问题，那么互联网与思想政治课教育教学的融合便不能达到最优效果。因此，“互联网 +”视域下的思想政治课教育教学工作既要对思想政治教育本身的强烈目的性加以肯定，又要对网络传播过程中的各种问题加以考虑和解决，把握其中的规律。只有将合目的性和合规律性统一起来，将主导和疏引相结合，才能踏踏实实、一步一个脚印地实现“互联网 +”思想政治课教育教学的实效。

### 三、前瞻性原则

当前世界瞬息万变，在“互联网 +”思想政治课教育教学中除了要充分了解当前网络和思想政治课教育教学的发展特点，还要以发展性的眼光对网络和思想政治课教育教学的发展进行预判。前瞻性原则便与这一要求不谋而合，“互联网 +”思想政治课教育教学的前瞻性要求教育者根据现实状况和发展的可能性对未来的发展做出大胆、合理地判断，放飞思想，既要立足于现实又要超越现实。在当前社会条件下，具有前瞻性的思想显得尤为重要。互联网的发展构造了一个开放性的空间，它不是为了满足某一种需求而设计的，而是一种总的基础结构，可以包容任何新的需求。正是这种开放性和无限性使得网络技术充满了诱惑，使得无数人投身互联网技术的探索之中并乐此不疲，从而不断创造出新的网络技术。在运用网络技术时需要信息、信息媒介、客户群参与其中，从而组成一个微观信息系统，这个系统从思想政治课教育教学的角度来说实际上就是一个新的场域，为思想政治教育打开另一扇窗户。

前瞻性原则主要在“互联网 +”思想政治课教育教学的工作策略和方

法上得以体现。随着社会的发展，网络技术也呈现出不同的特征，运用互联网进行大学生思想政治课教育教学，就必须准确掌握这些特点，然后具有针对性地对大学生的网络意识和行为进行正确的引导，为他们的健康成长保驾护航。

在网络技术发展的初期，各大校园网络建设驶上了快车道，多媒体、万维网等得到了广泛应用，丰富多彩的网络信息迅速得到了大学生的青睐，网上冲浪、信息漫游也迅速出现在他们的日常生活中并消耗了他们大量的时间；但是开放性的信息环境在给大学生送来最新信息，不断开拓他们的视野的同时，也在意识形态上对他们造成了巨大的冲击。西方资本主义观念和社会多元化思想的充斥无疑会对大学生的价值观带来一些影响。教育者必须以前瞻性的眼光对这些问题加以考虑，在利用互联网进行思想政治课教育教学时要注重对互联网文化软环境的构建，积极推广那些形式多样、内容丰富、具有教育意义的内容，以此来吸引大学生的关注，在潜移默化中提高大学生的思想道德素质水平。当前，很多学校都推出了专门提高大学生思想政治观念的专题网站，如北京大学建立了“红旗在线”等，体现出在思想政治课教育教学方面对互联网平台的不断探索。

当前我国将互联网技术融入思想政治课教育教学的探索还不够成熟，不论是外在环境还是内在发展，都给“互联网 +”视域下的思想政治课教育教学带来了诸多挑战和机遇。道路是曲折的，前途是光明的，在探索和实践的道路上无论遇到什么样的困难，都要敢于创新，以坚韧不拔、激流勇进的精神面貌迎接新的挑战和解决新的问题。还要顺应网络发展的潮流，瞄准机会，把握机遇。在“互联网 +”思想政治课教育教学中，只有坚持前瞻性原则，才能高瞻远瞩、高屋建瓴、未雨绸缪，以冷静的头脑、主导性的姿态面对一切变化。

**四、实践性原则**

大学生思想政治课教育教学所具有的一项本质特征是具有实践性，这在新开辟的思想政治教育平台——互联网上体现得尤为突出。我国在接入互联网之后，互联网技术获得了突飞猛进的发展，大量新的互联网设备出现，无论是对人们的工作还是生活都产生了深刻的影响，对推动我国的社会发展起到了巨大的作用。在我国发展的不同阶段，网络的发展也遇到了多种多样不同的问题，这就使得我国在网络时代前进的过程中，必须始终进行网络理论和实践方面工作，不断解决出现的新问题。在其中接受教育的通常都是青年大学生，他们乐于接受新鲜事物也更加容易接受新鲜事物，因此，对网络的使用较为普遍，网络对大学生的影响也表现得最为深刻。当今社会，各种环境都处在动态变化之中，网络环境也不例外。要想切实提高思想政治课教育教学的效果就必须立足于当前网络发展的实践状况，以发展性的眼光进行思想政治课教育教学体系的反思和重建，更新思想政治课教育教学的内容和方式，以此创新思想政治教育，不断解决大学生成长中出现的新问题。

在“互联网+”思想政治课教育教学中坚持实践性原则，即要求教育者不断拓宽教学途径，将理论与实践相结合，不断加强学习，把握好互联网时代开展思想政治课教育教学工作的方式方法。以下从三个方面对实践性原则加以论述。

第一，思想政治课教育教学工作者要与时俱进，既具备基础的网络技术，又真正地融入网络生活。互联网自20世纪90年代进入中国，迄今为止走过二十几个年头。而教师大多是“70后”“60后”，接触计算机和互联网的时间较短，对网络技术的掌握可能还不够深入，基本的操作可能还不娴熟，不能很好地将互联网与教学结合起来。这就要求教育者不断学习网络知识和进行实践，既能避免与大学生产生代沟，又不至于落后时代潮流，还能创新教育方法、增强教育效果。教育者要想真正融入网络生活，具备网络意识是关键。在平时的教育和生活中，要主动地与大学生进行网上交流、用心地感受网络文化、真诚地体会大学生们思想行为的变化、深刻地反思与总结，真正做到与大学生在同一时空下交流、学习。

第二，思想政治课教育教学工作者要对网络文化有详细了解。没有调研就没有发言权，思想政治课教育教学工作者只有通过各种渠道对这一新兴事物有深入的了解，才能认同这一文化，从而保证在网络环境中与大学生畅通地交流。在当前的互联网文化环境中，大学生的网络实践表现出了明显的亚文化色彩的网络语言，这对传统大学生思想政治课教育教学过程中实现教育者和被教育者之间的有效沟通是极为不利的。因此，在“互联网 +”思想政治课教育教学中，教育者必须掌握这种新的网络话语系统，这样才能保证在网络上实现与教育者间的顺利沟通，提高双方沟通的有效性；用大学生常用的语言表达方式对其进行教育，缩短心与心的距离，提高思想政治教育的实效性。

第三，思想政治课教育教学工作者要转变教育观念。新时期的教育与传统教育已大有不同。中国人自古以来倡导“尊师重教”，大学生对老师也大多敬而远之，然而随着时代的发展，人们更加注重平等和自由，倡导一种“亦师亦友”的关系。

## 五、方向性原则

方向性原则是进行思想政治课教育教学的根本要求，要毫不动摇地在思想政治课教育教学过程中坚持社会主义方向。首先，必须将马克思主义及相关理论成果作为指导。其次，提高贯彻思想政治课教育教学方向性原则的自觉性。要充分认识到自身育人的目的，即培养社会主义四有新人，所以，要自觉地把方向性作为重要指引，不能偏离教育目标，使培养方向和目的贯彻在每一项工作中，从细节抓起，从规范抓起。同时，大学生也应该看到坚持正确的方向性有利于个人的发展，思想观念和政治素养有时对一个人的影响也是巨大的，坚定社会主义的政治方向是开展好工作的前提。最后，贯彻方向性原则必须讲究科学性。做工作，方法很重要，要对大学生进行思想观念的教育，不能用强迫的方法，因为此种方法不会长期有效。所以，在进行思想政治课教育教学时，要将各种方法整合在一起，灵活运用，不能只靠强力，这样才能取得事半功倍的效果。

## 六、求实原则

### （一）理论联系实际的含义

#### 1. 牢固掌握思想政治课教育教学的相关理论知识

理论知识是对前人经验的科学总结，只有深入学习、牢固掌握相关理论，才能够正确指导实践，促进实践的顺利进行。因此，在进行思想政治课教育教学时，对本学科的理论知识进行全面掌握是最基本的要求。

2. 以实践为落脚点

任何科学的理论知识都不是空穴来风，其来源于实践，又作用于实践，受到实践的检验，只有这样，其才能富有活力和生命力，随着时代的发展不断创新进步。

理论联系实际就要坚持实事求是，要始终不渝地坚持和发扬理论和实际相结合的原则和作风。

（二）贯彻求实原则的要求

1. 积极主动地对马克思主义的相关理论进行学习

马克思主义基本原理及其中国化理论成果是人们认识世界和几十年来革命和建设的智慧结晶。马克思主义是被实践检验了的科学的理论，在当代仍然焕发着生机和活力，有着鲜明而有效的指导作用，能够帮助人们形成正确的价值观，进而大大降低犯错误的概率。因此，必须自觉进行马克思主义理论的学习。

2. 以实际作为一切工作的出发点

任何工作都不能脱离生活和现状，思想政治课教育教学工作更是如此。在开展思想政治课教育教学时，教育者和受教育者都要坚持主观与客观、主体与客体的统一；以实际为基准，制订科学的工作计划，选择恰当的工作方法，逐步深入推进思想政治课教育教学工作。

## 第二节 思想政治课教育教学的重要理念

### 一、开放创新理念

（一）开放创新的内涵

在计划经济时代，我国形成了一套固有的思想政治教育模式，但是随着我国对外开放程度的不断加深，社会主义市场经济的发展已经取得了一定的成果，原有的思想政治课教育教学模式已经不能再适应社会的需求，因此，必须对大学生思想政治课教育教学模式进行创新。从当前大学生思想政治课教育教学情况来看，在实际操作中，存在着较为严重的短期行为、孤立行为、务虚行为和信念模糊等情况，这对“互联网+”背景下提高大学生的思想道德素质是极为不利的。想要全面提高大学生的思想政治素质，就必须改变以往的教育模式，创新教学理念，在全球意识、服务意识、现代意识的指导下，切实提高大学生思想政治教育工作的质量。

（二）开放创新理念的落实方法

根据现代思想政治教育的基本原理和基本规律，不断创新思想政治课教育教学应遵循理论性与实践性相统一的原则、时代性与实效性相统一的原则、继承性与创新性相统一的原则、真理性与价值性相统一的原则、系统性与开放性相统一的原则。

创新思想政治课教育教学，包括创新内容、方法、教师队伍建设、保障机制等。在创新思想政治课教育教学的内容上，要坚持以理想信念教育为核心，加强思想政治课改革和建设；要坚持科学精神和人文精神并重；要重视和加强大学生网络道德和法制教育。

在创新思想政治课教育教学方式和方法上，要坚持外部灌输与引导学生自我实践体验相结合；要注重情感互动，情理结合；要把思想政治课教育与解决实际问题相结合；要以互联网、手机、微博等新媒体为载体，拓展思想政治课教育教学的新阵地；要充分利用时尚、情感、文化元素，增强教学的针对性与实效性。

在创新教师队伍建设上，要建设一支精干的专兼结合的思想政治教育队伍；要大力加强师德建设，培养和提高教师个人的人格魅力。

除此之外，在保障机制上要做到创新，具体表现为：

第一，创建科学的思想政治课教育教学效果的评价机制，定期进行督促、检查与评价，全面掌握思想政治课教育教学进度和具体实效。

第二，实现思想政治课教育教学与社会实践的接轨。要密切结合学生实际，因人施教、因材施教。要积极引领学生深入社会，在实践中受教育、长才干。

第三，注重培养学生的主体意识和自我教育能力。要注重教育方法的改进，加强教育过程中师生的双向交流，引导学生进行自我认识、自我评价、自我约束、自我激励以及自我完善。

第四，创新思想政治课教育教学的保障机制。保证并加大必要的大学生思想政治课教育教学的经费投入；积极为大学生思想政治课实践活动的开展提供必要的设施、设备和活动场所；善于运用现代技术提升大学生思想政治课教育教学的效果；不断建立健全各项规章制度。

## 二、全面发展理念

### （一）全面发展的内涵

重视学生的全面发展，并且根据时代的变化及时拓展学生全面发展的内涵，是党的一个优良传统。

所谓实现大学生的全面发展，实际上就是要提高大学生的综合素质。具体来说主要包括思想道德素质、科学文化素质和身心健康素质，这三个方面互相协调，共同推动了大学生的全面发展。其中，在大学生教育培养过程中，思想道德素质是大学生素质教育的灵魂，在素质教育中处于最基础的地位；科学文化素质是大学生成才的基石，在素质教育中处于关键性的位置；身心健康素质是成就人才的根基，大学生的思想道德素质和科学文化素质都是在此基础上培养起来的。由此我们可以说，实现大学生的全面发展，就是要实现大学生在思想道德素质、科学文化素质和身心健康素质三方面的协调、可持续发展。

### （二）“全面发展”的思想政治课教育教学思路

#### 1. 思想道德素质教育

思想道德素质是指个体通过接受一定的教育和参加社会实践活动，经过独立自主、积极理性的思考后形成一定社会或阶级所要求的思想观念和道德准则，并自主、自觉与自愿地做出相应行为的素质与能力。一般来讲，大学生的思想道德素养主要是由思想素养与政治素养和道德素养构成的思想道德素质教育，也是大学生素质教育的根本工作。大学生是祖国未来发展的希望，因此，大学生群体的思想道德素质会直接影响到我国整体的发展，以及全面建设小康社会目标的实现程度。在当前的历史环境下，通过对大学生开展思想政治教育工作，帮助大学生不断提升自身的思想觉悟与道德素养，对弘扬我国伟大的民族精神，并且能够在社会上形成良好的道德风尚，促进我国全面建设小康社会的目标加速实现，具有重要作用，并且能推动社会主义的现代化建设。

（1）思想素质教育的内容

对大学生进行思想素质教育，其主要目的是要提高大学生的马克思主义理论素养，让他们掌握科学的世界观和方法论，在分析问题的过程中，善于运用马克思主义的观点，培养学生的创新意识，满足社会的发展需求。具体来说，思想素质教育的内容主要有以下两点。

第一，马克思主义基本理论教育。促使大学生努力学习和全面掌握马克思列宁主义基本原理，使大学生具有扎实的马克思主义基本理论功底。

第二，马克思主义世界观和方法论教育。要深入开展马克思主义哲学教育、实事求是的思想路线教育、马克思主义认识路线教育和科学方法论教育，引导大学生树立科学的马克思主义世界观和方法论，培养他们自觉地运用马克思主义唯物辩证法的观点和方法认识世界、改造世界、解决实际问题能力。

（2）政治素质教育的内容

对大学生进行政治素质教育的目的是，帮助大学生树立起正确的政治观点，提高他们的政治敏感度和判断力，在未来发展中始终坚持维护正确的思想指导，坚持社会主义发展方向，坚决拥护党的领导，坚持民主执政，为中国特色社会主义事业的发展做出自己的贡献。根据这一目标，政治素质的教育内容有以下三点。

第一，理想信念教育。引导大学生树立建设中国特色社会主义的共同理想和共产主义远大理想，激励他们为实现这一伟大理想而奋发向上、开拓进取。

第二，爱国主义教育。让大学生了解中华民族优秀历史文化传统，弘扬和培育中华民族伟大民族精神，增强民族自尊心、自信心和自豪感，激励他们把满腔爱国热忱投入建设中国特色社会主义事业中去。

第三，民主法制教育。帮助大学生树立社会主义民主法制观念，明确作为一个国家公民所享受的权利和应尽的义务。教导他们自觉遵守国家法制法规，并勇于同一切违法乱纪的行为作斗争。

（3）道德素质教育的内容

对大学生进行道德素质教育的主要目的是，提高大学生的思想道德水平，遵循道德规范，培养他们对道德的良好认知能力，树立起为人民服务的价值观念，能够正确处理个人与集体利益之间的关系，始终将集体利益放在首位。

根据这一教育目标，道德素质的教育内容有以下三点。

第一，公民基本道德规范教育。对大学生进行以“爱国守法、明礼诚信、团结友善、勤俭自强、敬业奉献”为主要内容的基本道德规范教育，使他们明确作为一个社会公民所应遵守的最起码的道德。

第二，社会公德、职业道德和家庭美德教育。培养大学生以“文明礼貌、助人为乐、爱护公物、保护环境、遵纪守法”为主要内容的社会公德，以“爱岗敬业、诚实守信、办事公道、服务群众、奉献社会”为主要内容的职业道德以及以“尊老爱幼、男女平等、夫妻和睦、勤俭持家、邻里团结”为主要内容的家庭美德。

第三，社会主义和共产主义道德教育。在培养大学生公民道德的基础上，还要对他们进行社会主义人道主义教育和以为人民服务为核心、以集体主义为原则、以“五爱”为基本要求的社会主义道德教育，并在大学生先进分子当中提倡大公无私、先人后己的共产主义道德规范。

2. 科学文化素质教育

科学文化素质教育包括科学素质教育和人文素质教育两个方面，这两个方面又是紧密联系、相互渗透、不可分割的。科学文化素质教育的具体内容包括很多方面，从德育的角度来讲，大学生科学文化素质教育的重点在于培养两种精神——科学精神和人文精神。这两种精神是科学文化素质教育的核心。

科学精神是人们从科学活动过程中和科学认识成果中提炼出来的价值准则和行为规范，是人们的认识精神在科学认识上的投影，是人类在漫长而艰巨的科学研究探索过程中逐渐形成而不断发展起来的一种主观的精神状态。科学精神激励着人们驱除愚昧、求实创新，不断推动社会的进步。无论是西方近代的文艺复兴，还是我国现代的五四运动，无不显示出科学精神的巨大作用和深刻影响。由于科学精神是在科学活动的过程中形成并发展起来的，因此，科学精神的内涵也随着科学活动的不断推进而不断得到充实和发展。在当代，科学精神有着新的时代内涵。科学精神的内涵很丰富，最基本的要求是求真务实、开拓创新。因此，对大学生科学精神的培养，重在培养以下几种精神。

第一，坚定不移的求真精神。科学研究是一种艰苦的工作，通向未知世界的道路绝对不是平坦大道，这条路上布满了荆棘，只有付出辛勤的汗水，矢志不渝，才会获得成功。

第二，尊重事实的务实精神。科学是老老实实的学问，来不得半点虚假和浮夸。只有尊重事实，从实际出发，以实践作为检验真理的唯一标准，才能正确认识客观世界，揭示事物的客观规律。

第三，勇于批判的怀疑精神。怀疑是一切科学创造活动的真正出发点。哥白尼从怀疑地心说而最终提出日心说，达尔文从怀疑上帝造人说而提出进化论，科学就是在不断怀疑批判前人学说的基础上获得进步和发展的。

第四，勇于开拓的创新精神。创新精神是通过在不断地创造与发展之中产生的精神动力源泉，科学活动是在自己已知的范围内去逐渐探究未知的知识，从而更好地去发现与了解世界的过程，所以它的本质具有创造性，通过发现问题—解决问题—并且得出相应的成果，就是科学工作者的工作流程，也是衡量出科学工作者自身价值的一种表现。

人文精神是民族文化之中的内在灵魂也是对人们日常的思维以及言行产生影响的主要内容，它是在某一个环境之中，人们自身精神价值的总和，体现了时代文化的特征。以人为本更加专注于人们在现实世界中的存在，也是人文精神的主要表达，是人文精神得以产生的根本。人文精神的培养，对人文素质教育工作来说具有十分重要的作用，比如，我国古代时期儒家学者所提出的君子、“大丈夫”等理想人格教育，近代蔡元培先生提出“普遍教育的宗旨在于养成健全的人格”等，都是重视人文精神培养和人文素质教育的光辉典范。人文精神是一个历史范畴，在不同的时代有不同的主题。当代大学生人文精神培养的基本内容是根据社会发展需要和目前大学生人文素质的现状来确定的，它主要包括独立人格教育、道德理念教育、人生态度教育和终极关怀教育四个方面。

第一，独立人格教育。独立人格是大学生人文精神培育的基础和前提。一个人只有首先在人格上具有独立性和自主性，不盲目地听从别人，有自己的意见和主张，才谈得上具有人文精神。畏畏缩缩、唯唯诺诺、趋炎附势，连人的尊严都丧失了，又怎么谈得上具有人文精神呢？

第二，道德理念教育。一个人不仅要成为一个独立的人，而且还要成为一个有道德的人。要教育大学生爱人如己、推己及人，设身处地地为他人着想；要“先天下之忧而忧，后天下之乐而乐”，具有仁民爱物的胸怀；要热爱自然，保护环境，维护生态平衡。

第三，人生态度教育。在对人生的态度上，要教育大学生具有积极乐观的人生态度，自强不息，开拓进取。人的一生不可能是一帆风顺的，逆境和顺境总是交替出现，伴随人的一生。要教育大学生在身处顺境时，不得意忘形，要居安思危；在身处逆境时，不怨天尤人，要坚韧不拔，百折不挠，勇往直前。

第四，终极关怀教育。人文精神是属于现实与超越的统一，它既是一种现实存在者的关怀，又表现出了对世界的精神追求，它属于一种终极的关怀形式，表现了人们对无限追求的一种渴望。终极关怀，是由于人们自身在一种有限的状态里期盼无限的存在，也是人们对自身精神世界的一种超越和对精神追求的渴望，是生命意义的表达。具体的表现就是人们的理想与信念，需要引导大学生树立起共产主义的远大抱负，在社会主义现代化建设事业中以自己有限的生命获得无限的人生意义。

在人类的精神家园中，科学精神和人文精神占据了重要的地位，二者之间是一种相互联系、互为补充的关系。从本质上看，二者都是一样的，都是在人们对至真、至善、至美生活向往的追求中所产生的。在对大学生思想政治教育的过程中，必须注重对其科学精神和人文精神的共同培养，这是因为，人文精神可以做支撑科学精神的培养，而科学精神又可以对人文精神的培养进行指导。如果失去了人文精神，那么科学精神也就失去了其存在的真正意义，失去了科学精神的人文精神同样也是不完整的。因此，对大学生思想政治教育，必须注重科学精神和人文精神的相结合，克服只重视科学精神教育而忽视人文精神教育或者只重视人文精神教育而忽视科学精神教育的错误倾向。

3. 健康素质教育

身体健康是大学生未来发展的重要保障，这也已经成为人们的共识，健康就是包括大学生的生理与心理的健康健康，属于大学生的身体与精神和心理上的一种完整的状态，没有出现任何的疾病现象，所以健康素质教育主要由以下两个方面组成，即身体健康素质教育和心理健康素质教育。

（1）身体健康素质教育

身体素质是人们素质发展之中的必备物质基础，在遗传获得基础的情况下，人们的身体与生理功能上的特征主要是由身高骨骼体重以及精神构成的，生理机能特征主要是由人们的反应速度、适应力、抵抗力和运动素质构成的。身体健康素质教育，也就是在教育过程中的体育科目教学，站在德育的角度分析，身体健康素质教育，就是帮助大学生形成良好的健康意识，使大学生能够自主地参与到体育锻炼过程中，以提高自己的体质，真正地做到劳逸结合，拥有健康的体魄，这样才能使大学生其他方面的素质得到提升。

（2）心理健康素质教育

心理素质是指人们自身的情感以及在认知过程中所表现出的审美与独特性和求知欲等，它是一个人整体素质之中较为重要的内容之一，通过较好的心理素质培养，能够使大学生更好地适应社会、与他人保持良好的人际关系，并且逐步形成健全的人格。近些年来，通过对大学生心理健康问题调查可以得知，当前我国大学生的心理健康问题逐渐增多，并且会引发严重的心理矛盾并出现大学生心理健康问题，已经逐渐受到了社会各界人士的重视，对大学生心理健康素质教育工作的重视度，也在不断提升。当前大学生心理健康素质教育已经是思想政治教育工作之中一个重要的构成，根据大学生自身心理健康的实际判定标准以及大学生容易出现一些心理疾病。

## 三、以学生为中心理念

### （一）以学生为中心理念的诠释

罗杰斯是人本主义心理学派的重要代表人物，在他长期的心理治疗与研究过程中逐步形成了以来访者为根本的治疗观念，并且他将这一观念运用在了教育行业中，提出了以学生为根本的教学理念，也就是非指导性的教学方法。以学生为本的教育观念，实际上就是需要尊重学生在学习之中的主体位置，它主要由以下三个方面构成，第一，就是教育工作者需要具备良好的品质，也就是理解学生、接受学生，真诚对待学生。第二，教育者自身需要意识到以人为本的教育观念，在教育过程中尊重学生。第三，就是教师需要将学生作为一切活动开展的主体，在教学或者教育过程中都要把学生作为根本，遵循学生个人的学习需求，并且要将学生作为教学主体，多给学生创造机会，让学生能够自主学习自主转化。以学生为根本，实际上就是要从教育阶段的教学工作中转化自身的教育模式，在以学生为根本的教育观念下，整体的学习环境以及学习内容和活动的开展都是以学生为中心的，而且学生可以自己把握学习，并且学习的目标也是学生根据自己的实际需求所构建的，而学生也能够成为发现问题和解决问题的实际操控者，教师在学生学习的时候只是需要对学生进行组织和引导，并且站在整体的角度上对学习过程进行设计，而学生才是学习的主体，也是探究知识的主要人员，通过教师的帮助就能够发挥出学生在学习过程中的积极性与主动性。

（二）以学生为中心教学理念的理论基础

1. 人本主义理论

人本主义理论是美国目前较为先进的心理学主要学派之一，这一理论中反对将人们的心理变得低俗化，也就是称为心理学中的第三思潮。人本主义更加专注于人们的情感以及创造性和自主性等一些心理的品质与人格特征的培养，因此，对教育工作产生了重要影响。人本主义教学观念不仅是要对教学中学生的发展进行关注，还要了解学生在学习过程中的情感以及兴趣的实际发展规律，更加关注于学生的内心世界，希望能够以学生的兴趣爱好和实际需求考虑到学生的个性差异，从而更好地去开发学生内心的潜能，激发出学生的认知与情感，从而达到更好的教学效果。在这种教育模式下，教师自身的教学角色发生了巨大的转变，教师不再是传统教学模式的主导者与决定者，而是成为与学生合作并且促进学生自主学习的引导者，教师的教育功能不再体现在给学生传输知识，而是转化成为给学生营造出一个良好的学习环境，使学生能够拥有更多的学习资源可以运用，并且多多鼓励学生去自主思考，从而掌握学习知识，而学生在学习的时候也不再像传统教学的时候，只能被动地去学习知识，而是更加具有自主权，可以选择自身学习的进度以及方式，并且对自己的学习成果和考核评价负有一定的责任。

2. 建构主义理论

建构主义也叫作结构主义，是认知心理学中的一个分支，它的基本特征就是指儿童是在周边环境的相互影响下，逐渐形成了一个对外部世界的认知，并且促进了自身认知结构的发展，而儿童和环境之间能够产生相互的作用，这两个作用分别是同化与顺应建构主义理论知识的内容十分丰富，但是核心内容就是在教育工作中把学生作为重点，更加专注于学生，自主去探索知识以及自主解决知识运用所学习的知识，建构出自身的知识结构建构主义，认为知识并不是只有教师传输学生才能学习，而是学生在一定环境下也就是说在一定的社会文化背景下，通过教师或者其他人的帮助，运用于自己的学习中。需要的相关资料内容就能够学习知识，更加专注于教师对学生进行引导，将学生作为学习的中心，也就是既强调了学生自身的认知功能，也没有忽视教师的指导作用，教师实际上是建构主义的帮助者与引导者，而不是知识的传授者。学生是对信息进行采纳与吸收的主体，也就是主动建构者，而不是经过外部的影响从而被动接受知识的传输对象，以学生为主的教育观念主要就是要教师在教学过程中以学生为本，而这也是建构主义理论的实际表现。

（三）以学生为中心理念的实现途径

1. 塑造新型的师生关系

教育不是以传输知识为主，是赋予学生对生命的理解，是为了培养学生健全的人格。教学真正的意义在于让学习发生，教师应该为学生创造学习需求、学习动机。“互联网 +”视域下思想政治课教育教学的重大意义在于能让学生的学和教师的教更有效，能够检验课堂上所建立的师生关系是否符合新时代下通过师生互动协作产生新型师生关系的要求。“互联网 +”视域下思想政治课教育教学新型师生关系不是以独立的某个个体为中心，而是协同合作。

2. 创新教学方式

（1）在线教学

在线教学的内容主要是由课程教学工作的前期、学生自学准备的阶段、以及后期的拓展阶段构成。在前期自学准备的阶段，在线学习是通过翻转课堂的模式，让学生能够自主在各种网络平台上完成课程基础知识的学习，并且要给学生制定出学习目标以及在线测试和问题反映几个环节，依托当前已经较为完善教育行业的信息化平台。例如，在线公开课以及微课资源库等，打造出更加符合于学生实际学习情况的多元化网络教学平台，如，开放一些精品在线课程和微博，以及抖音在线课程等。而在后期的拓展知识阶段的在线学习，是在学生运用翻转课堂学习结束之后，再通过网络在线教育，对学生课上学习的知识内容进行延伸，让学生更好地去巩固知识。在这一阶段需要对校内的各项网络教学资源进行融合，如，优秀的思想政治教育网站和全国爱国主义教育网站等运用，这些网站能够使校内开展更加具有特色的思想政治专题课程，并且在在线课程中给学生进行课后的知识拓展与延伸，让学生可以自主在线上对掌握的知识内容进行复习，和与他人共同相互交流评价反思，从而了解到自己在学习中的不足，还可以在平台上通过一些专题活动，让学生去观看一些红色的影视作品，从而更好地提升学生的思想政治素养。

（2）课堂教学

课堂教学也就是教师按照课程的实际安排，在多媒体教室等一些场所，通过运用现代化的信息技术和学生之间形成互动，共同完成课堂教学活动。在这一活动中能够帮助整个教学过程。更加明确，也是教学工作中的重要构成。课堂教学活动通常都是由小组合作的模式来完成的。主要的教学目标就是对学生在在线学习时所出现的问题进行解决，并且给学生着重讲解一些教材之中的重点与难点知识，帮助学生去梳理教材的整体知识体系，并且探讨一些当下实时的热点问题，使学生能够具有创造性思维。在帮助学生解决课前预习阶段的问题时，可以通过分析讨论的教学模式开展，而在针对教材的重点内容知识进行讲解的时候，就可以以教师的讲解为根本通过多媒体等一些信息技术的教育方式，运用文字图片或者音频动画的形式，以更加直观的方式让学生去掌握这些知识内容，这样才能使整体的教育工作的开展具有更加显著的成效。而在重点知识内化的时候，可以给学生创设出与当前学习的知识内容有关联的真实情境，通过项目活动的开展，对学生进行训练，如活动演讲、辩论赛或者角色扮演等，通过这样的方式就能够让学生更好地掌握重点知识内容，并且学会将自己掌握的知识内容运用在日常的生活之中。在探讨一些社会热点问题的时候，可以以学生感兴趣的娱乐新闻或者明星作为入手点，通过新闻播报以及问题讨论和小组辩论的方式开展。

（3）实践活动

实践活动就是指通过互联网技术的运用在校外进行一些实践活动。开展校外实践活动，既可以通过思想政治教育社团或者一些学生干部去参观教育实践基地，也可以让学生去自主参与到一些志愿者活动中，让参观教育基地的学生根据基地的实际情况了解基地的现状以及情况，从而制定出一个主题让学生把参观的过程制作成微视频，然后放在教育平台上，这样可以让一些没有参与活动的学生也可以通过观看视频了解实践活动的情况，从而使实践活动的开展更加全面化。而参与到志愿者服务的学生可以到实际场地参与活动，也可以在网上进行服务，但是不论使用哪些形式，学生都可以在平台上展示出自身参与到志愿者活动的整体过程。在社会调研活动的时候，可以通过在线问卷的方式进行课堂实践活动，通过对互联网技术的运用，就可以让学生在线下自主去观看一些在线的影视资源和纪录片等，从而在课上学生讨论的时候，能够给学生提供更多的演讲素材，并且提前要在线上给学生布置好相关的课堂实践任务目标，让学生在完成任务之后就上传到网络平台上，由教师评选出优秀的作品，在课堂上对优秀的学生作品进行讲解与点评。

# 第四章 “互联网+”视域下思想政治课教育教学模式与方法

## 第一节 思想政治课混合教学模式的实施

### 一、混合教学模式的应用基础

（一）融合的学习理论指导

理论知识是对教学内容进行设计的基础，针对混合式教学模式进行设计的时候，需要根据不同的教学情况运用学习理论，在 20 世纪 50 年代通过行为主义以及认知主义和建构主义不同发展阶段而形成的。站在哲学的角度来分析认知主义与行为主义，主要保持的是客观立场，而客观主义则认为世界是由客观的事物和与事物之间产生的关系所构成的，人们对事物的认知是客观的。由自身的认知系统所构成的知识，通过教学的模式就可以转移到人们的脑海之中。而教学工作的开展就是最为有效地向学生传输知识的方式，但是不同的是，认知主义学习理论更加关注于学生自身的认知主体作用，也更加强调了在教学过程中的外部条件与内部的行为需要重视。

行为主义学习理论的教学优势主要是在于教学的目标较为明确，通过外部的刺激以及知识的灌输，就能够形成一个自动与机械化于一体的方式，从而使教师在教学过程中更加容易组织教学内容，但是它的显著劣势就是学生在学习的时候始终保持着被动的状态，难以发挥出自身的主动性与积极性，因此，导致学生的创造性无法发挥出来，在外部的环境与学生学习的主体条件准备不符的时候，就会导致学生的学习效率十分低下。在认知主义的教学中，优势主要是在教学过程中能够考虑到学生自身的认知心理，对内容的选择以及组织上能够更加符合于学生自身的认知结构，从而有效地提高了教学效率，在传统的教学目标环境下，学生可以通过学习达到统一的知识梳理结构，从而更好地对学生进行管理，这样也能发挥出学生在学习过程中的积极性与主动性。而主要的劣势就是在于教学目标不能符合每一个学生的个性发展。而统一的学习模式对一部分学生来说也并不合适，除此之外，一些较为复杂的知识学习以及解决问题的能力培养都会在认知主义学习理论的运用下显得不够成熟。

行为主义与认知主义的学习理论都是关注于知识的传输过程，也就是教学中主要的内容，就是帮助教师去研究备课的方式，但是却没有考虑到学生的学习方式问题，主要的优点就是能够在教学过程中发挥出教师的主导位置，从而使教师在教学过程中按照自身的教学目标对教学活动进行组织，但是劣势在于这种教学方式的设计中，学生难以发挥出自身的积极主动性，从而导致学生的认知主体作用无法发挥出来。

建构主义的学习理论使用了不是客观的哲学方式，而是认为每一个人的知识认知过程都是不同的，因此，也会产生不同的学习结果，所以在教学过程中主要是促进学生的学习能力提升，而不是对学生的学习过程进行控制，主要的重点并不在于对于教学的内容进行设计，从而对学生的学习过程进行控制，而是希望能够达到自身制定的教育目标，更加专注于教学设计之中，给学生构建出一个完善的学习环境，使成为学生学习的重心，加强对于知识的获取能力，并且不仅要求学生自身通过外部环境转化自身的被动接受地位，转化成为自身主动学习的方式，而且还要成为知识的主动建构者。因此，教师要在教学过程中，转变自身的位置，由知识的传输者转化成为帮助学生学习的引导者，由此教师在广义上需要帮助学生创建良好的学习环境，促进学生自主学习，而不是主动帮助学生去学习，在建构主义的学习环境中，教师与学生的主体位置产生了巨大的变化，所以，教师在教学的时候也需要使用全新的教育方法打破传统的教育模式中，教师是教学中心，专注于给学生灌输知识的方式，以全新的教学模式和思想，对于整体教学环节进行设计。

建构主义学习在实际的问题情境之中，通过对于社会交往以及周围环境的运用，就能够帮助学生解决现实的问题，从而掌握更加良好的学习技能，学生在自主控制自己学习过程的同时，也能够构建出符合于自我实际情况的学习目标，这项能够最大程度地发挥出学生的学习中的积极性、创造性与主动性，也是对于学生学习能力进行培养的最佳途径，能够帮助学生去理解一些平时难以理解的复杂的知识内容，掌握更加高深的知识技能与社会技能，而主要的劣势却在于由于没有制定统一的学习目标，由此导致整体的学习评价过程十分困难，教师对于学习过程的组织上也会有一定的困难，在学习过程中学生需要自主去探索知识而不能采取传统的陈述式学习，因此，对于学生的自主学习能力以及自我控制力来说，都有较高的要求。

（二）建构性的学习环境支持

1. 信息资源

学习内容和一些相关的辅助材料，主要是由教科书、视频教学软件以及论文内容构成的，一般来说，在学习环境中越为高深的知识内容，通常都是会在具体的情境之中采取问题的模式出现的，并且还会伴随有大量的相关案例，而学生则需要通过掌握这些信息与案例去解决在情境之中实际的问题，从而更好地去掌握知识。

2. 认知工具

认知工具能够帮助学生在学习过程之中拓展自身的思维，在当前现代化的学习进程中，通过计算机与信息技术的融合就能够帮助学生更好地去理解和认知知识，而学生也可以运用这些认知的工具去获取更多的信息资源，并且对信息资源内容进行编辑处理来表达出自身的见解，和与他人沟通合作。

3. 自主学习策略

学生在学习过程之中需要不断地探索与研究才能完成学习目标，也就是说，在学习的时候需要学生自主学习，才能真正地完成学习的整体过程，因此，需要根据学生的不同需求满足学生自主学习的相关策略，即满足以下几个条件：第一，要在学习的时候使学生的主观能动性能够发挥出来，从而让学生在自主学习的时候表现出自身的创新精神；第二，要让学生有各种机会去参与到不同情景的学习过程中，并且将自己所掌握到的知识内化；第三，让学生根据自己的实际行为来对信息进行反馈形成一个自身对客观事物的认知，并且最终找出解决问题的实际方法。

4. 帮助与指导

在学习过程中学生才是学习的主体，但是教师所起到的引导作用也是不能忽视的，不论在哪种学习环境之中都存在着教师的职责，也就是教师需要帮助学生去管理整体的学习过程，控制学习进度，以及指导学生解决存在着的问题。所以，教师在教学过程中一旦确定了教学目标之后，就要对学习活动进行组织，并且不断帮助学生进行学习，引导学生正确使用工具，教师是在教学之中的组织者、引导者，也是帮助者与促进者。

## 二、互联网环境下思想政治课混合教学模式的具体实施

### （一）建构性学习环境设计

1. 支持混合式教学的网络教学平台的选择

虽然通过网络技术的运用，能够使教学开展更加具有沟通交流的方式体现，但是这些方式较为分散，对教学的实际运用来说十分不利，因此，就需要有一个能够将教学内容全部发布管理，并且还能实现在线教学以及评价和项目学习，发展性教学与教学管理于一体的网络教学平台，来对混合式教学模式的运用提供帮助。现阶段我国较为常用的网络教学平台有清华在线教育和电大在线以及安博在线等。

2. 网络课程的设计与开发

在课程内容的设计开发上，需要确保教学目标十分显著并且拥有合理的教学结构，而这也是思想政治教育课程必须达到的教学基础目标之一。教学资源库能够给教师提供大量的教学素材，而精品网络课程也能够为教师在课程设计的时候提供良好的帮助，让教师可以在这些资源的运用环境下，选择一些符合于教学运用的内容，实际地使用在课程中。

3. 课程资源的收集整理

多样化的课程资源，在网络环境下的思想政治教育课程，混合式教学模式的运用下属于基础内容。缺乏课程资源，就仿佛教师在教学过程中没有

内容一样，也就是说课程的教学内容是为了更好地帮助教师完成课程目标，而课堂上教师与学生所使用的教育资源都是为了能够满足课程内容的实际要求，达到教学目标，从而帮助学生学习的拓展资源。课程内容通常都是采取讲解型的方式与交互型的方式融合在一起，并且按照相关的组织结构逻辑去排成网络课程。课程资源则是通过视频、音频以及文本等多元化的方式采取多媒体教学的微课件，它们既可以是直接讲解教育内容的教育资源，也可以是用于教育评价或者测验的考试试卷等资源，还可以是用于帮助学生拓展自身学习范围的文献内容。课程资源的整体设计与网络教学资源设计十分类似，都是通过网络教学平台来完成的。而想要促进学生掌握良好的知识结构内容，就需要在资源内容的开发中转化自身的思维，将教学并重，也就是说不仅要开发一些相关的课件素材资源，更要加强对一些自主研究与合作学习的相关学习资源进行开发，使资源的整体内容能够支持教学工作的实际运用。

4. 教学活动的选择和设计

教学活动的开展是为了在教学过程中更好地促进学生在学习过程中的问题解决，通过小组合作的模式以及分组交流的模式和在线问答等一些常见的模式，就能够帮助教师更好地完成自身的教学目标。而教学活动则可以按照教师事先设计好的课程目标以及内容和实际教学模式，按照教学的相关进度有针对性地进行，也就是说可以把学习的不同章节知识点内容联系在一起，这样就能够使教学活动的作用充分发挥出来，给学生创造出良好的学习情境，并且还能促进教师与学生、学生与学生之间的相互交流沟通。因此，通过正确的教学方式运用，就能够帮助教学活动的顺利开展。例如，在探究性问题的解决教学活动开展时，教师需要首先根据不同的问题情境设置来帮助学生激发出学习的兴趣，并且让学生在课上能够始终保持着良好的注意力，而教师则可以根据实际的课程内容提出一些问题，并且在一定范围内给出相关的提示和材料，让学生能够引发出自主探究的兴趣，从而不断运用网络去自主查找问题的答案与相关信息，再通过在线聊天的方式对问题进行讨论以及交流。

（二）课堂教学的实施

1. 教学环境使用培训

教学环境使用培训，主要的含义就是说教师与学生通过网络教学平台以及其他相关多媒体课件的运用，对网络教学环境进行熟悉，从而确保整体教学的效率得到显著提升。教学环境使用培训，以至于信息技术和课程整体资源的整合都是为了使信息技术真实地运用在学生的学习过程中，成为学生学习的高级认知工具，通过认知工具的运用，就能够帮助学生创设出良好的学习情境，并且还能给学生提供丰富的教学资源，让学生能够在网络平台上不断搜索资源练习知识内容，并且还可以发表自己的相关看法与思想，和他人共同交流合作，最终为学生的学习提供帮助，让教师在学生学习完成后，可以通过平台对学生的学习成果进行评价并且反馈给学生。

2. 教学计划说明

在教学过程开展之前，教师需要将整体课程的教学计划以及不同阶段的教学模式发布在相应的网络教学平台上。而在课程教学的过程之中，课前教师需要首先将本堂课程的学习计划公布在网络平台上，让学生自主观看，并且提前预习课程内容，在教学计划中应该包括教学目标、教学内容和教学方式以及教学安排与评价等。

3. 学习动机的激发和维持

在线教学是需要学生积极主动参与其中的，因此，教师在在线教学过程中，也可以通过讨论一些网络热门话题，从而激励学生自主参与，并且还要多多和学生进行情感互动，鼓励学生不断在网络平台上参与学习过程，这也是对在线教学的局限性进行弥补的一种重要方式。因此，教师在课堂教学中要多给学生一些发言的机会，多听取学生对知识学习的看法以及建议，并且要及时地给予学生鼓励，让学生对学习更加有信心，师生之间的情感交流能够让学生不断保持着积极向上的学习态度，并且还能始终维系着浓厚的学习兴趣，从而促进学生的整体发展更加全面，还能促进学生的健康成长。

4. 课程内容重点与难点讲授

针对课堂中一些重点知识内容的讲解，为了能够确保学生更加快速地掌握相应的知识内容，就需要帮助学生构建出知识结构，教师可以在课上首先使用自己已经设计好的多媒体课件内容，通过外部环境对学生的感官进行刺激，帮助学生更好地去记忆相关的知识。

5. 课堂讨论、交流、答疑

课堂讨论是在线讨论的初始阶段，也可以是在线讨论的延续，通过课堂的沟通交流能够帮助学生更好地去掌握知识，促进学生的创新思维发展。因此，教师需要首先在课上给学生设计一个能够支持讨论的问题与空间，从而发挥出学生的创造性思维，然后再对学生进行引导，让学生去自主探究问题的实际本质，而教师对学生进行引导的主要方向则就是让学生可以表达自己的观点，但是也要尊重他人的观点，这样才能更好地促进学生发散性思维的养成，让学生能够养成独立思考以及多方面思考的好习惯，在讨论交流的时候可以有多元化的方式，通常都可以把学生先分成不同的小组，然后在组内讨论，最后组别之间相互讨论，然后由教师去总结整体的讨论结果。

（三）课后基于网络的在线教学

1. 多媒体在线教学

在线网络教学平台上，给学生所呈现出的一些教学课程资源或者教学内容与活动，使学生在课后可以自己在线上自主复习课程的学习内容，并且针对自己已经掌握的知识进行深层次的探究，从而真正地去了解知识。学生在运用网络教学平台的时候，可以使用网络教学平台上的学习本以及任务管理等一些相关的辅助学习工具，除了课程的整体教学内容以外，教师和学生还可以通过辅助功能掌握更多的课程资源以及知识的拓展，从而让学生在学习的时候发现更加创新性的观点以及思维，得到全新的启发，不断探索更加深层次的知识内容。

2. 在线智能答疑

学生在在线学习的时候经常会遇到一些困难的问题，或者这些问题本身就是在课堂教学中教师没有解决的问题，这时学生可以把自己遇到的问题直接上传到网络教学平台之中的答疑系统上。对一些较为普遍的问题，教师可以直接把问题的作答和解释整理一下，放到资源中心去，这样在其他学生遇到相同问题的时候，就可以直接观看，从而得到答案。而学生在提问的时候系统也会自主去匹配问题资源，如果有相似问题的资源，系统则会直接给出学生答案，如果还没有上传的话，就需要学生等待教师或者其他学生给出答案。这样的智能化系统，能够直接减轻教师的工作量，使教师减少答疑的时间，并且也能让学生更快地获得知识的答案。而学生也可以对班级内部其他学生所提出的问题进行解答，这也是一种学习的方法，在学生帮助别人的时候也能提升自己。为了更好地让学生的思维能力得到发展，或者针对一些较为普遍的问题，教师可以向答疑系统提出一些自己想出的问题，让学生作答，也可以自问自答，然后再把整体的资源整理到问题资源库中，这样通过答疑系统的运用就会收录到越来越多的问题资源，而学生需要等待教师回答的问题也会越来越少，从而有效地提升学习效率。

3. 在线讨论与交流

网络教学拥有较为显著的交互性特征，由于网络的运用可以直接针对某一个问题进行深入的探究，从而能够弥补在课堂教学之中，由于课堂时间有限，所以导致问题的分析过于表面，使学生难以真正地理解问题的深层次含义。通常情况下的网络教学平台，可以给学生提供相应的沟通交流板块，学生进入板块内部就可以了解到论坛中的实际内容。探讨的主题可以让教师去设置，也可以让学生自己去考虑。讨论的内容大多都是以发表文章的方式与他人进行讨论交流，并且交流不会受到时间的限制，所有参与到讨论的学生都可以对问题发表自己的不同见解，而随着不同见解之间的相互碰撞，就能够让学生对一个较为复杂的问题达到更加深层次的理解，并且通过文章还能表达学生自身的思想见解，从而极大程度上帮助学生提升了逻辑思考能力，以及文字表达能力。网络教学平台的运用，能够直接记录每一个学生参与到问题讨论的次数以及相关讨论的内容，这样也是对学生的一个考核方式，能够让教师及时了解到学生是否愿意积极主动地参与讨论，并且深入学习。

4. 在线教学评价

自我测试作业以及考试等各种评价模式，都是为了保障教学质量的提升。而在教学过程中的形成性评价，因为教学方式的不断改进，也为差异化教学提供了相应的依据，学生的学习评价过程可以通过网络教学平台的运用，使用其中的一些试题资源库，让学生去自动上交，并且系统还能整体分析学生的数据内容。教师则可以根据教学的实际情况和进展，抽取一些试题库中的内容组成试卷，作为对学生巩固知识或者复习知识的自测。教师也可以根据学生的实际学习情况去布置一些较为具有开放性的试题当作考试内容，并且学生在学习的时候也可以随机地抽取一些和自己学习内容相关的试题来自己选择试卷进行自我评价。针对一些客观性的试题系统，都可以直接批阅试题并且给出答案，而针对一些主观性的试题，则需要教师自己来批阅。在每一次系统完成作业之后都会给教师一个统计报表，而这一报表也是教师对自身教学进度进行调整的重要依据，能够帮助教师更好地掌握学生的学习进度。教师的评价也是确保教学质量不断提升的一个重要方向，针对教师的评价来说，可以让学生匿名给教师提出建议，而教师也可以自己设计一些调查问卷放在网络教学平台上，从而让学生来填写获得教学反馈，进而对自身当前的教学方式进行改进。

5. 基于项目的网际协作学习

基于项目的网际协作学习，实际上就是将班级内的学生分成学习小组，每一个小组都会有一个独特的学习项目，并且在使用网络的环境下完成自身的学习项目。在网络平台分配的各小组的学习空间之中，共同完成项目内容，小组的成员每个人都有不同的项目目标，在完成自己的任务之后，可以把自己在完成任务中遇到的问题，上传到讨论组和组内其他成员共同研究，再把自己收集到的项目资料内容放在小组的共享文件中与他人共享这种学习模式，能够帮助学生在学习的时候与他人沟通交流，采取小组合作的模式，能够帮助学生提高自身的协作能力与解决问题的能力。

（四）发展性教学评价

1. 档案袋评价

档案袋评价是在网络技术发展过程中一种发展性的评价模式，这种模式的主要功能就是促进学生之间的交流与反思。在网络环境下开展混合式教学模式，能够表现出学生发展以及学习的过程，而这些过程都能够直接在档案袋之中储存，帮助教师更好地去了解学生的学习情况，并且也能让学生通过对这些内容的了解反思自己的不足。档案袋的数据内容主要就是在课堂以及课后的网络在线教学之中所产生的一些过程性的数据，主要有学生浏览的课程内容以及课程资源状况，和学生在沟通交流时与他人沟通发言的次数和小组合作学习之中的相关材料，以及小组成员的相互评价和解答问题的次数这些内容，对学生整体的学习过程进行了详细的记录，并且属于阶段性的记录内容，数据是对学生整体学习过程性评价以及形成评价的主要依据。

2. 考试测评

在网络教学平台的数字化应用环境下，能够帮助教师更好地开展考试测评工作。教师通过网络教学平台的运用就可以给学生提供一些考试的题目或者作业题目，让学生用来自我评价，因为网络教学平台能够直接实现题目作业的自动批改，所以就能够在很大程度上帮助教师节约经历，教师不需要浪费大量的时间就能了解到学生的整体学习过程，而这不是单纯地通过一次考试就能够对学生所形成的评价那么简单，学生在网络上把自己的学习过程以及结果和对课程的评价反馈给教师，而教师也可以了解在这一阶段的教学成果如何并且深入了解到学生当前在学习之中的实际需求，然后根据学生的反馈与建议，对下一阶段的教学内容进行改革与补充，从而更能促进发展性课程评价的开展，教师与学生通过多元化方式的沟通交流，能够帮助教师更好地了解学生，对学生展开多元化的评价，促进学生的健康成长。

## 第二节 思想政治课教育教学方法创新探索

### 一、“互联网 +”视阈下思想政治课教育教学方法创新的内涵

方法是以客观规律为依据，在人的主观作用下产生的。方法创新以人的活动方式等为对象，在旧有方法的基础上进行改革或是直接创造出新的方法，从而为事物的发展带来良善的改变。在实际生活中，人们往往只注重物化的、易观察的创新，而没有给予方法创新以充分的重视。荀子曰：“君子生非异也，善假于物也。”大意是君子的本性跟一般人没有什么不同，只是善于借助外

物罢了。这里的“外物”便是解决问题或者达到目的的方法、途径，由此可见方法的重要性。根据实践可知，方法创新即人类不断发挥自身的主观能动性增强方法的工具性作用，突破自身的局限，提高各项水平，扩大人的世界的范围。

## 二、“互联网 +”视阈下思政课教育教学方法创新的原则

### （一）实事求是原则

实事求是是中国共产党在革命和建设时期经过漫长的实践逐渐形成的理论成果的精髓。实事求是不仅要求要从实际出发，还要在新时代下解放思想。在思想政治课教育教学中，解放思想、实事求是、理论联系实际原则意味着教育者要在社会实际和思想政治教育实践的基础上，从大学生的思想状况出发，对大学生的言行举止进行深入分析、研究，针对新情况、新问题，做到有的放矢，确保思想政治教育的有效性。

### （二）以人为本原则

以人为本原则是“互联网 +”视域下思想政治课教育教学方法创新的基本原则。我国是人民当家做主的社会主义国家，人民是国家的主人，任何时候都要把主体的人放在第一位，思想政治课教育教学也不例外。

“互联网 +”视域下，网络社会的崛起使得青年一代更加理性、自主、自觉、自信，他们渴望自由和平等，在处理人际关系时容易以自我为中心。这些性格特点决定了思想政治课教育教学工作者必须改变传统的教育方式，避免以高高在上的严师身份对学生进行训诫，而是要动之以情、晓之以理，既不一味地迎合和迁就，也不一味地批评和教育，在平等和尊重的前提下、在亦师亦友的良性关系下、在以人为本的原则下以真情打动学生，以科学的思想政治理论指引学生，增强思想政治课教育教学的趣味性和知识性，增强沟通和交流，充分发挥学生的能动性和主体性。

### （三）循序渐进原则

人的认识是一个由浅入深、由表及里、由繁至简、由低级到高级的过程，不可能一蹴而就，而是逐渐积累、深化形成的。简言之，人的认识是循序渐进的。

对思想政治课教育教学来说，不可急于求成，而是要遵循循序渐进的原则。在创新思想政治课教育教学方法时，要首先考虑受教育者的现状、接受时间、接受范围、接受程度，从而避免引起他们的紧张和对立、厌学情绪。这就要求教育者深入观察和分析，及时把握大学生的动态和需求，以学生为中心结合党和国家的路线、方针，有步骤、有计划、逐层深入地进行思想政治课教育教学方法的创新。

### （四）系统性原则

思想政治课教育教学涉及多个环节和对象，有其复杂的结构程序和运动规律，是一项系统工程，因而必须遵循系统性原则。总的来说，思想政治课教育教学系统主要包括“四体”，即教育主体（教育者）、教育客体（教育对象）、教育介体（方法、设施等）、教育环体（教育环境），这“四体”以思想政治课教育教学为中心紧密联系，形成一个有机系统。

“互联网 +”视域下思想政治课教育教学方法的创新要坚持系统性原则，即要求创新者从系统的整体角度出发，既要考虑到新时期教育对象的特点和需求，也要考虑到教育队伍的现状及客观环境的变化，还要考虑到教育任务、内容等的具体实施。此外，还要从个体入手，具体问题具体分析，不能搞“一刀切”，要随机应变、有的放矢，有针对性地解决各种问题。

## 三、“互联网 +”视域下思想政治课教育教学方法创新探索

### （一）根本方法：“互联网 +”全时空实践教育

要把思想政治课教育教学融入教育全过程。需要在教学工作开展时，严格围绕立德树人的根本教育目标，结合于实际情况制定出全新的教育模式，不断推动教育工作的开展，切实地将思想政治课程教育工作融入教育全过程中。实际上，上述五个要求是希望建立两个思想政治课教育教学链：一是建立课堂教学纵向学生成长成才思想政治课教育教学链；二是建立横向课堂教学、社会实践、校园文化、师资队伍、校园网络五方面协同联动式思想政治课教育教学链。

“互联网 +”最大的优势就是以人为本，连接一切。借助“互联网 +”“连接一切的”功能就可以有效地将高校校园与思想政治课教育教学有关的各个

环节（课堂教学、社会实践、校园文化、教师队伍示范、校园网络）联结到一起，落实到教育教学和管理服务各环节，覆盖所有学校和受教育者，形成“互联网 +”全时空思想政治课教育教学，建立思想政治课教育教学链，搭建课堂教学、社会实践、校园文化多位一体的育人平台。

（二）具体方法

1.“互联网 +”思想政治课建设体系创新

高校对学生的学习具有重要的作用，需要在教学过程中不断弘扬马克思主义，并且让学生能够理解中国特色社会主义事业发展的伟大之处，从而成为一个社会主义的接班人。思想政治理论课程是让学生更好地掌握高校的马克思主义课程教学之中的知识内容，从而朝着社会主义的整体发展方向不断提升自我，也是全面贯彻我党所制定的教育方针，培养中国特色社会主义合格接班人的主要方式。因此，教师在教学过程中要落实立德树人的根本教育目标，开展思想政治课程教育工作，帮助大学生树立起正确的人生观、世界观与价值观。高校思想政治理论课的教材体系、教学人才体系、课堂教学体系、第二课堂教学体系、学科支撑体系、综合评价体系、条件保障体系一共七个方面。“互联网 +”条件下，世界范围内各种思想文化交流、交融、交锋更加频繁，如何借助“互联网 +”的“互联网思维”“创新驱动”“连接一切”发挥正能量，创新高校思想政治理论课的七个体系，增强大学生对重大理论和现实问题的阐释力，在多元中确立主导，引导大学生自觉践行思想政治，给思想政治理论教育教学提出新的挑战。

现有研究主要集中在两个方面：一是“互联网 +”思想政治教育教学的必要性和可行性，强调互联网成为意识形态竞争主战场，认为“互联网 +”是开展网络思想政治课教育教学、提升学生学习兴趣、创新思想政治理论课教学的重要方法和手段；二是对思想政治慕课、微课堂、微信课堂（公众微信号）、微电影、翻转课堂的探索与实践，强调这些课堂对思想政治课教育教学改革的必要性，对这些课堂如何开展进行了有益的探索。国内关于“互联网 +”与高校思想政治理论教育教学的融合研究，仅仅处于起步阶段，需要人们开发智慧，积极探索，运用“互联网 +”思维更好地发挥“互联网 +”

的六大独特优势，形成“互联网+”条件下高校思想政治理论教育教学创新育人，从立体化教材体系、教学人才体系、课堂教学体系、第二课堂教学体系、学科支撑体系、综合评价体系、条件保障体系的系统进行研究。

“移动互联网”时代社会思想意识更加多元、多样、多变，当代大学生可以被称为“互联网新生代大学生”，近几年还衍生了“大学低头族”，学生主体面对网上网下各种思潮和复杂的社会现象思想波动很大，如何运用马克思主义的立场、观点、方法在多样中求得共识，对思想政治理论教育教学提出了新的要求。研究“互联网+”思想政治课建设体系创新有助于丰富互联网时代立德树人、创新育人、育创新人理论，有助于在深刻全面分析学生思想动态、学习现状、创新能力、发展方向的基础上，积极有效地开展立德树人教育和创新育人教育，提高学生的是非善恶判断能力和行为选择能力，激发学生自发践行思想政治。

2.“互联网+”日常思想政治课教育教学

高等院校开展思想政治课教育教学，必须结合办学治校实际和专业特色，针对大学生思维活跃、易于接受新鲜事物、擅长使用网络工具的特点，实现思想政治工作与信息技术高度融合，通过大力开展丰富多彩的网络主题教育活动，努力营造网络育人的浓厚氛围，从而达到内化于心、外化于行的良好效果。

主动占领网络思想政治教育教学新阵地，牢牢把握网络思想政治课教育教学主动权。要全面加强校园网的建设，使网络成为弘扬主旋律、开展思想政治课教育教学的重要手段。建立校园网、主题教育网站、网络思想政治课教育教学队伍、QQ 群和微信群、网络舆情监管的有效连接，要利用校园网为大学生学习、生活提供服务，对大学生进行教育和引导，利用官方微博和公众微信号传播正能量，不断拓展思想政治课教育教学的渠道和空间。开发融思想性、知识性、趣味性、服务性于一体的主题教育（中国梦、爱国主义教育、校园文明、法治教育、创新创业）的网站和网页，积极开展一些较为有趣味性的网络思想政治课程教育活动，使线上与线下思想政治课程教育活动形成合力，从而不断提升网络思想政治教学队伍的建设，加强对网络动态的了解，清楚地认知到大学生当前的思想状态，并且多和大学生进行沟通交流，帮助大学生解决在日常生活之中遇到的问题与困惑，深入地开展思想政治工作与心理健康工作的融合，这样才能更加具有针对性地使大学生在成长中遇到的问题得到解决，促进大学生的成长成才、创新创业、社会交往、健康生活等方面的具体问题，提高思想认识和精神境界；通过QQ群、微信群与学生互动，在关心学生、帮助学生的互动中教育学生、引导学生；同时有针对性地对他们进行思想政治课教育教学和心理咨询辅导，引导大学生健康成长；关注大学生网络动态，并及时回应大学生网络诉求，运用技术、行政和法律手段，加强校园网的管理，严防各种有害信息在网上传播，牢牢把握思想政治课教育教学主动权。

因此，“充满变量”的大数据时代、互联网时代，需要思想政治课教育教学的不断创新，需要工作者深刻把握信息网络时代政治工作的特点和规律，不断追踪学生思想动态，实施大学生新生入学教育、新生适应教育、创新创业教育和成长成才教育，建立师生移动互联，将思想政治课教育教学更好地与网络技术有机融合，全力打造“互联网+”思想政治课教育教学新形态，使思想政治课教育教学“随风潜入夜，润物细无声”。

3.“互联网+”社会实践

以实践活动引领青少年亲近社会和自然。组织开展丰富多彩的社会实践活动，是防止青少年沾染和沉迷网络不良信息的有效途径。“互联网+”社会实践的开展需要培养实践主体的互联网思维，还需要拓展虚拟实践。

（1）互联网思维

互联网思维的含义是说，在当前的移动互联网以及大数据和云计算等科学力量不断发展的环境下，对市场和企业整体乃至于整个生态链进行了影响，使人们采取了全新的思维模式，如小米的董事长雷军所说的，互联网实际上不是一种技术，而属于一种观念，也是一种方法论。互联网思维运用，在教育工作中就能形成互联网教育思维，它是以受众为核心即“以学生为中心的思维”。教学内容要具有针对性，要“简约”，教学设计要“完美”，要“丝丝入扣、无懈可击”，要及时追踪学生思想动态，要将“创新”体现在教学流程的每一个环节，做到“微创新”。网络互动时要考虑学生的“沟通”成本即流量思维，用“最大公约数”的核心价值观主导社会化思维，要不断根据学生数据信息挖掘他们的“关注点”。并对他们的未来成长成才需求进行合理预测，搭建课堂教学、网络教学、社会实践“三位一体”的育人模式。最后整合校内校外、网上网下资源，调动一切力量和因素，实现网上网下思想政治课教育教学联盟。

（2）虚拟实践

伴随着社会和互联网的飞速发展，目前人类在实践之中产生了巨大的转变，呈现出了全新的发展特征。而信息技术的发展也使人类社会出现了各种各样的实践形式，如虚拟实践。虚拟实践实际上是在互联网与信息技术发展的环境下而诞生的，其主要特征就是主体与客体之间通过信息技术这种媒介在虚拟空间之中开展相应的活动，主要运用在网络环境中拥有较强的交互性与开放性。思想政治课教育教学的虚拟实践可以通过“虚拟体验”（参观网上博物馆、网上纪念馆）、“网络调查”“虚拟创业”等活动学会“交互式思维”，树立“超前思维”“创新思维”，提升虚拟实践能力。

# 第五章 网络环境下学校思想政治教育平台的拓宽研究

## 第一节 学校思想政治教育主题网站的建立研究

### 一、高校思想政治教育网站简介

思想政治教育网站也叫作红色网站，主要是高校按照网络的实际运营法则，有效地对于马克思主义和毛泽东思想，与邓小平理论、“三个代表”、科学发展观、习近平新时代中国特色社会主义理论等我国的先进理论知识进行传播，从而使学生更加全面地融入马克思主义观念与人生观、世界观、价值观，传递我党的重要方针与政治立场，培养出更多能够符合于我国社会主义发展实际需求的高素质人才。

### 二、建好、用好思想政治教育主题网站的有效路径

（一）合理定位

在建设初期阶段，需要首先对网站进行明确的定位。将校园作为根本，让学校去自主设计，自主管理与自我建设，从而使网站整体的主题更加鲜明，能够让大学生在网站之中更加了解相关的思想政治教育知识，从而树立良好的价值观念，养成良好的思维模式，拥有强大的政治鉴别力，成为大学生的综合素质培养的重要途径，引领大学生的未来发展。

（二）精心策划，设置网络频道和栏目

高校思想政治主题网站的建设需要按照学校的实际情况对网站进行设计，并且设置一些能够吸引大学生的相关频道与栏目。首先，在思想教育类

栏目中需要了解到大学生的思想实际状态，弘扬我国的主旋律，作为网络思想教育模式，使学生能够更好地了解当前国家与社会发展的现状，在世界观、人生观、价值观的培养上给大学生提供帮助，让大学生能够拥有良好的判断力，具有较高的政治觉悟，营造出良好的网络氛围，使网站能够成为高校德育教育的全新方式。其次，还可以设置新闻类的栏目，思想政治教育工作要与大众传媒融合在一起，使思想政治教育工作的信息资源更加广泛，所以网站的相应管理者需要将国内外的一些全新的新闻内容传播给学生，让学生能够在各种各样的信息之中不断提升自身对信息的分析能力与理解力，增强思想政治教育工作对学生的吸引力与感染力。最后，要设置一些服务类的项目，使网络平台发挥出自身育人的实际功能，如，开设网络交流站以及心理辅导中心、就业指导中心等栏目；与此同时，还可以在这些栏目下方设置留言板或者调研表等交互性的频道，分享一些个人主页、搜索引擎。

### （三）加大思想政治教育栏目建设的力度

将思想政治教育栏目当作最主要的栏目，开设马克思主义相关理论知识以及理论书籍推荐和要点分析等栏目，让网络成为传播红色思想的主要方式，对大学生的精神发展提供支持，让大学生增强自身明辨是非的能力，自觉抵御一些不良文化。与此同时，网站还可以把思想政治教育工作和大众传媒融合在一起，让思想政治教育工作的开展，对大学生的吸引力与辐射力更强。为了能够充分地发挥出网络服务育人的实际作用，为学生的日常生活平添色彩，可以开设大学生学习观以及大学生思想动态调查等栏目，栏目中可以融入一些较为有趣味性和知识性的内容，使学生在了解的时候更加丰富自身的知识体系，开阔自己的视野，并且还能够了解当前社会政治经济发展的现状，真正地实践，教书育人与管理育人和服务育人的融合，使校内的师生能够形成一个共同的精神家园。

## 第二节 学校思想政治教育中社交沟通平台的搭建

### 一、发挥微博作用，唱响思想政治教育主旋律

#### （一）微博简介

微博当前在大学生之中的运用十分广泛，而微博之中出现的各种网络热词也迅速地流传在了人们的生活中，形成了一个统一的微博效应。通过微博平台的运用，用户既可以是观众，在上面浏览一些自己感兴趣的相关微博内容，也可以作为一个博主去发布一些内容让其他人去观看，发布的内容一般都有 140 字的限制，而微博这一名称也是由此得来的。但是在内容发布的时候还可以上传图片和视频的内容，微博的最大特征就是信息发布较为迅速，并且信息传播广泛。相较于传统的版面布置的博客来说，微博的内容虽然看起来十分简单，都是由文字构成，对用户的相关技术要求也较低，但是在语言的整体编排上需要用户去着重考虑，不需要长篇大论，而是需要在短篇幅的语言中清晰表达出自己的意思，获取更多的浏览量。

#### （二）微博在学生思想政治教育中的积极作用

1. 掌握大学生思想脉络

当前我国大学生的个性特征十分鲜明，并且十分渴望与他人沟通交流，但是在现实生活中的很多情况下，大学生都无法与他人推心置腹地进行交谈。因此，在实际生活中，想要更加深入地了解此学生的思想状况，是一项十分困难的工作。首先，就是学生在日常生活中愿意自主表达的兴趣不足，而这也为学生思想状况的掌握带来了极大的困难。其次，师生面对面的谈话容易使学生压力过大，从而影响到学生真实心理状况的表达。但是当前很多大学生都喜欢在微博中分享自己生活中的点点滴滴，尤其是在自己遇到困难或者取得成就的时候，都愿意与他人分享，而这种表达方式通常都能够反映出学生的实际情况，是学生较为主观的一种表达形式。因此，思想政治教育工作者也可以通过关注学生的微博去掌握学生的思想动态，并且在发现问题的时

候及时帮助学生解决。

2. 增强思想政治教育沟通协调

传统的思想政治教育工作，通常都是以班级为形式去观看一些文字或者材料，或者就是教师组织活动，让学生演讲比赛等。较为特殊的就是教师一对一对学生开展教育，而前一种方式虽然覆盖面较广，但是却无法对学生开展针对性的思想政治教育工作。虽然一对一教育拥有较强的针对性，但是却难以覆盖到大部分学生，而微博则对这两项工作模式的优势进行了汇总，在切实保障学生隐私的同时，信息交流的迅捷快速也提高了工作效率，使辅导员既可大面积地开展思想政治教育工作，又能根据各学生的具体情况精确地调整方案。

3. 拓展思想政治教育内容

大学生对新鲜事物的求知欲望远远超过陈旧的事物，互联网则恰恰擅长即时信息的更新。依托互联网，基于微博的思想政治教育因此拥有了丰富的资源。我们可通过最新的社会事件引发学生的兴趣，以此更好地开展国情教育和时事教育。如今各大传统媒体，如，《人民日报》、中央电视台、各大地方卫视等纷纷开设了官方微博，能第一时间发布权威简讯，并提供详细报道的地址，我们对这些资源加以利用也能缩短搜集资料的时间，节省大量精力。

4. 增强思想政治教育时效性

网络途径相对线下的思想政治教育具有更强的时效性，微博最大的特点就是能够快速大量并且生动地进行信息发布、浏览以及转载，在教师和学生沟通交流的时候，十分容易产生矛盾，而这种矛盾之间的相互争辩恰恰就是帮助学生不断提升的过程，也为思想政治教育工作的开展提供了极大帮助。

（三）充分发挥微博作用

1. 建立完善的微博运营支撑体系

高校需要对微博运营管理模式的设立成立专业的工作小组，对学生的日常工作进行管理。主要是由辅导员与思想政治教师和学生处的相关领导参与其中，对校园各部门的相关资源内容进行整合，将学生的日常生活、学习、娱乐、交往等各方面融入一起，构建出一个校园育人平台。而学校则可以对微博运营平台队伍进行培训，使他们能够拥有更强的管理能力，提升微博平台的整体建设能力，以及在应对微博上突发事件时的解决问题能力。现阶段有一些高校通过微博平台开展思想政治工作，如复旦大学的新浪官方微博，是复旦大学的网络宣传部门运营与学生会和青年志愿者等各个组织联合协作共同举办，从而将学生的德育教育和学生的日常微博融合在一起，发挥出了微博对教育的实际作用。

2. 要特别重视建好学校和辅导员微博

（1）建立学校微博平台

微博的信息传播拥有较强的便捷性与时效性，因此，对信息的传播与发布来说具有巨大的优势。高校需要将自身服务与改善管理工作的功能发挥出来，而教务处则可以发布各种各样的教学文件及通知和自习室开放楼层等信息，图书馆可以把馆内新到的一些书籍内容和学校要开办的一些学术交流会谈，以及图书检索等个性化服务融入其中，针对学校当前的制度建设与改革，学校还可以通过微博以投票和话题的方式进行调查，从而了解到师生的实际想法，并且采纳一些合理建议，使学校的建设更加高效开展。

（2）辅导员要做到人人有博客，人人上微博

高校的辅导员教师属于教育工作的第一线人员，要想更好地去了解学生的日常思想动态，对学生进行一些积极方面的教育引导，就需要理解到网络对自身了解学生思想情况的重要作用，辅导员要开设个人微博，加强自身与学生之间的沟通交流，及时在微博上了解学生的思想动态。

3. 建立系统有效的微博管理体系，形成高效互动新局面

在使用微博进行工作时，许多高校都开始进行全新的尝试，但是由于缺乏一个系统化的管埋模式以及良好的互动方法，再加之对微博系统的重视度不足，所以单纯地都会将自己运营的账号用来发布一些学校相关的公告信息，因而在话题设置以及互动交流上缺乏实际效果。怎样才能更加贴合于学生的喜好，使更多大学生能够受到吸引从而取得较好的学生工作途径，实现师生零距离交流，让高校思想政治教育工作变得有声有色呢？这就需要高校针对管理工作加强对微博管理体系的完善与建设，分工明确，责任到人，以学院

的班级为单位，一层层进行管理。在内容建设上要打破传统的公告方式使用更加符合于学生兴趣度的内容，对学生的微博之中所提出的各种问题与疑惑也要及时反馈，形成一个完善的反应机制，当发现学生存在一些问题的时候，也要及时帮助学生解决，除此之外，还要建立一个相应的预警机制，及时了解学生存在着的各种矛盾问题，掌握一些突发事件的信息，将一些严重的问题扼杀在萌芽状态。

## 二、利用 QQ 搭建高校思想政治教育平等对话的交流平台

### （一）QQ 平台作为大学生思想政治教育载体的内涵

QQ 作为一款聊天软件，思想政治教育工作者可以通过 QQ 平台将思想政治教育的知识内容传递给学生，使学生与教师之间能够相互交流。由于 QQ 拥有虚拟性与隐蔽性，所以和传统的师生之间展开沟通交流的对话方式不同，也和一些报纸书刊等实体的实物不同，属于一种全新的思想政治教育模式，也就是我们说的信息平台。

### （二）充分利用 QQ 平台加强大学生思想政治教育

在大学生的思想政治教育开展工作中会受到各种各样因素的影响，但是主要还是依靠人们来进行的，思想政治教育工作者属于思想政治教育工作的主体，也是教育的实际组织者与实施者，他们自身采取的教育模式和教育能力对教育的最终成果起到了重要的影响，而教育主体则是对某一事件的态度决定了这一事件的最终结果如何，所以需要在教学过程中认识到 QQ 平台在大学生思想政治教育之中发挥出的重要作用，教师可以构建出 QQ 群，用 QQ 空间的功能，使学生能够在 QQ 平台上接受思想政治教育。

1. 重视 QQ 平台在大学生思想政治教育中的作用

在大学生这一年龄阶段对新鲜事物的接受能力较强，而且能够不断学习全新的知识，在很短期的时间内就能掌握丰富的网络技术，对 QQ 平台的操作也十分熟练。而有一些思想政治教育教师则对网络技术以及 QQ 平台保持着怀疑的态度，不愿意自主地去使用这些平台开展教育工作，这样就会导致思想政治教育工作的开展无法适用于当前网络时代的实际需求，并且对提升思想政治教育的实际成效来说，也会产生不利影响。因此，教师要通过网

络技术的运用开展大学生思想政治教育工作提升对网络技术的重视程度，教师要首先加强对自身网络知识内容的学习，通过运用一些全新的媒体模式与大学生进行沟通交流，从而更好地了解到大学生的思想发展状况以及心理状态，才能更加具有针对性地开展相关的思想政治教育工作，所以教师要加强对 QQ 平台的运用，发挥出其自身的功能，使大学生能够感受到思想政治教育工作的新奇性，将思想政治教育工作融入日常使用的 QQ 平台之中，让大学生逐步受到影响，提升自身的思想觉悟，最终树立起正确的世界观、人生观以及价值观。

2. 提高利用 QQ 平台进行大学生思想政治教育的能力

网络技术的运用对教师自身的信息素养提出了较高的需求，教师不仅要有思想政治教育工作的能力，以及良好的道德素养和相关的知识素养，还需要掌握网络技术，通过对网络技术的运用，提升整体教育成果。因此，教师需要不断地学习相关的网络技术，向同行请教或者向学生请教加强自身的学习力度，教师自己要首先开设 QQ 账号，在 QQ 界面之中熟悉各种功能，并且挑出一些能够对思想政治教育工作起到帮助的功能进行运用。由于当前的 QQ 功能也在不断升级，因此，教师也要不断发掘全新的功能并运用在教育工作中，以加强和教师之间的学习，通过学习交流能够分享各自的 QQ 平台使用经验以及注意事项，使学生能够真正地运用 QQ 平台学习思想政治教育工作的内容，并且提高 QQ 平台对大学生思想政治教育工作的实际作用。

## 第三节 学校思想政治教育中移动互联网的运用

### 一、移动互联网与大学生思想政治教育相关性

首先，移动互联网和大学生思想政治教育工作之间的关联，表现出了移动互联网实际传播内容与思想政治教育工作的关系。随着当前我国 4G 以及 5G 技术的开发与完善，大学生对互联网的运用现象已经十分常见，能够使用的内容也越来越丰富，以手机为根本的大学生思想政治教育模式与内容具有更强的指导意义。因此，高校的思想政治教育工作要对大学生起到正确

的引导作用，使大学生能够正确地认知互联网所传播内容的正确性，并且对大学生使用互联网的道德法律约束感进行教育，让大学生能够更加积极地去接触一些积极阳光向上的思想政治观念，接受道德规范教育，从而使大学生能够更加全面的发展。其次，通过互联网技术的了解能够体现出大学生思想政治教育工作以及素质教育工作的时效性，移动互联网让大学生的信息交流更加不会受到时间与空间的约束，能够随时随地，了解到各种各样的信息内容，其中，既有一些正面的健康内容，也有一些反动的负面内容，而大学生思想政治教育工作在这一过程中能够发挥出重要的作用，需要教育工作者对大学生进行引导，让大学生能够自觉抵制一些不良的信息诱惑。因此，教师需要通过以互联网为平台创造出一个平等的交流空间，使大学生能够在移动互联网的影响下与教师形成一个良好的关系，这样才能让大学生思想政治教育工作的开展更加具有时效性。

## 二、手机的广泛使用为大学生思想政治教育提供了平台

手机与传统的媒体相比较来说具有更加显著的优越性，高校内部手机已经十分普及，几乎每一个大学生都有一部手机，日常生活需要运用手机，学习娱乐也需要运用手机。因此，高校思想政治教育工作也需要对手机平台的运用，将互联网技术与大学生思想政治教育工作联系在一起，通过移动互联网技术的发展，能够使我国当前整体社会现状出现转变，移动互联网能够将传统的媒体与思想政治教育工作融合在一起，产生极大的优越性，也是对媒体传播行业的一种全新的发展。手机电视与手机视频和手机互联网分别针对传统的电视，与广播和报纸网络进行了整理，相较于电视来说，手机的便携性更强，而且信息传播途径更快，其十分小巧，运用起来也很方便，能够让大学生和教师之间更好地开展互动，从而使教育传播功能更加显著，而手机的运用也为大学生思想政治教育工作提供了全新的渠道，成为当前高校开展思想政治教育工作的新载体。运用互联网技术，能够使高校的思想政治教育工作者与学生之间更好地开展沟通交流，并且拥有了全新的交流模式，极大地提升了信息沟通的效率，减少了教育的相关成本支出，并且还能让教师对学生的思想情况具有更加详细的掌握，并且这种教育模式较为新鲜，符合社

会发展趋势，因此，大学生也比较容易接受，从而能够使教师与大学生之间共同参与到交流沟通之中。所以，移动互联网在凸显出自身的优势与其他媒体方式进行融合的同时，也能够成为思想政治教育工作开展的有效途径，让大学生思想政治教育工作的方法以及内容都能够不断地创新运用互联网，移动互联网这一平台与大学生思想政治教育息息相关，密不可分。

## 三、移动互联网为大学生思想政治教育提供了实践和技术支持

移动互联网使大学生思想政治教育工作具有了全新的技术支持与保障，通过互联网便捷性以及传播性的运用，能够提供一个更为强大的交流方式，4G 和 5G 技术的运用也需要教师与学生都需要加强对移动互联网相关技术运用的学习，如，手机、微信、QQ 以及微博等一些通信工具和手机的上网浏览器，以及 QQ 邮箱等一些收发工具，还有就是手机的拍照、录像等功能，都能够发挥出互联网的优势。通过对这些技术方式的运用，教师就可以对大学生开展思想政治教育工作，让大学生在快乐的环境下掌握更多知识。除了这些应用程序之外，还有一些技术的相关理论知识需要学习，如 4G、5G 以及 WiFi 等相关的知识内容和通信技术的建设原理，都能够拓展大学生的知识面。除此之外，还要加强对互联网表达方式的了解，相较于传统的语言来说，互联网的表达模式更加简洁和幽默，使人与人之间的沟通频率增强，并且互联网网络之中的各种话语或者符号使用更加便利，能够给交流的双方带来更好的兴趣度，只要掌握了这些相关的技术内容，思想政治教育工作的教师与学生都能够通过这些技术开展沟通交流，增强彼此之间的互动与信任感，从而切实地将移动互联网技术运用在大学生思想政治教育工作中。

## 四、手机直播时代给高校思想政治教育创新带来的机遇

### （一）利用手机直播特点，变革传统思想政治教育方式

手机直播是当前我国一个十分热门的话题，直播或者观看直播已经成为大学生日常娱乐休闲的一种模式，这种模式也给高校的思想政治教育工作带来了全新的发展。在互联网时代，大学生是一个更加独立且隐蔽的个体，通过网络他们能够了解到各种各样的信息，而师生之间的关系早已经转变，不是传统的学习知识的关系，现阶段的互联网发展环境下，教师与学生之间的

关系已经趋于平等，所以思想政治教育工作者需要对自身的教育观念进行创新，多和大学生沟通互动交流，了解大学生的思想动态。

近些年来，很多高校与思想政治教师都开始运用互联网技术，注册了自己的微博或者微信公众号，从而更好地以多渠道开展大学生思想政治教育，增强和学生的互动，了解了学生的思想状态。在信息发布的时候，微博和微信可以采取一对多的传播模式，极大地减少了教师在思想政治教育工作时的工作量，而在沟通交流的时候还可以采取一对一的私密交流方式。手机直播与前者不同，手机直播是以实时的视频为根本，采取一对多的传播模式，可以让师生之间采取零时差的交流，通过软件的弹幕功能，教师就可以在直播的时候和观看者进行沟通互动。因此，辅导员和教师通过直播房间就可以和班级的学生一起聊天，并且沟通他们日常生活中所遇到的问题，帮助他们解决疑惑，由于软件具有隐私性，所以学生没有直接面对教师时的一种紧迫感。双方可以更加畅所欲言地直观交流直播软件的运用，使思想政治教师在教育时的工作量减少，还能拉近师生之间的距离，让思想政治教育工作的开展与学生更加贴近。

（二）利用直播软件实时可视化功能，为探索远程思想政治教育新形式提供了契机

随着当前我国信息技术的迅速发展，远程教育也已经逐步开始大幅度的进步，近些年来我国对教育公平以及教育资源共享的重视度较高，先后已经建立了国家精品课程网，以及大学视频公开课等多个网络教育的远程网站。通过网站上传一些精品的课程内容，虽然这些网站能够提供一些名师的教育资源，但是由于视频的录制过程十分复杂，后期还要剪辑，因此，收看的学生也无法与教师进行沟通互动，导致整体网络教育的效果不够显著。而通过手机直播就能很好地改善这一现象，首先就是手机直播的设备十分简单，只需要一台固定的设备和一台手机就可以进行现场直播；其次就是手机直播时的弹幕和回复公屏功能，学生可以在听课的时候及时提出自己遇到的问题，而教师也可以通过课后了解弹幕内容，找到学生的共性问题并进行解答；与此同时，手机直播还有点赞功能，能够让教师的实际教学效果得到及时反馈，

直播的房间可以面向于全国各地的学生开放，不论是哪里的学生都可以来房间观看直播内容，从而能够更好地促进课程资源的共享，也为远程思想政治教育工作的开展提供了相应的支持，教师通过直播平台的运用就可以将课堂上由于时间限制没有讲解的知识内容再次讲解，从而营造了知识内容拓展间。

（三）利用同龄人之间的相互影响，促进大学生思想道德发展

在传统的教育模式中，高校思想政治教育工作主要是以理论为基础，而且教学方式也是说服教育，由于理论课程的内容十分抽象，如果教师直接给学生讲解，通常会使学生处于过于被动的状态，因此，教师通常都会直接按照教材内容给学生讲解，学生在学习的时候难以提升兴趣，因而也无法感受到思想政治课程对自己的吸引力。手机直播的运用，为思想政治教学工作的改革提供了相应的支持。同龄人之间的相互交流对学生的成长来说具有重要的影响，在大学阶段同龄人之间的相互交流，甚至比教师给学生带来的影响还要慎重，因此，思想政治教育者可以通过对同辈群体传播信息的特征运用通过直播的方式找出意见领袖，将这些意见领袖集中在一起，对大学生进行价值观念的引导，使大学生群体能够树立起正确的社会主义核心价值观念，并且这些人的行为对大学生来说也属于一种激励，能够让大学生按照他们的方式去不断提升自我，改变自我意见，领袖一般都会具有良好的人际交往能力，并且能够为同龄人所信服，所以也能促进大学生思想政治教育工作的效率提升。

## 五、手机 App：大学生思想政治教育新载体

App，一般指智能手机和平板计算机中的第三方应用程序，是 Application 的简称。随着移动互联技术的深入发展和智能移动终端的快速普及，App 呈现出爆炸式增长。

（一）App 影响大学生的思想行为

在当前的互联网时代，App 的出现，带来了人们世界观的改变，也使大学生的思维以及行为方式都出现了巨大的转变，美国的心理学家与教育学家霍德华加德纳曾经说过，当前大学生是 App 的主要使用用户，他们不仅日常经常会沉浸在 App 中，甚至会以为整个世界都是 App 的组合，将自己的生

命看作有序的App组合，又在很多情况下属于单一延伸的超级App，也就是说各种功能无所不在的App就是对现实世界的凝聚，任何事情都能够通过App完成。虽然有一些App现在还没有开发出来，但是也终将会出现在我们的世界中，从早起时候的墨迹天气以及今日头条到人们晚上睡前听的喜马拉雅和小睡眠。课间的超级课程表以及今日活动安排，再到课外的高校活动，大学生的日常生活已经被App所占据，并且对App产生了强烈的依赖感。

（二）App满足大学生的学习需求

日常使用手机中所安装的App，在各个时期都会推送一些具有趣味性的信息内容，使大学生的学习环境无时无刻都充满着乐趣，并且也打破了传统教学工作中对大学生学习时间、场地的限制，所以App的运用使大学生在学习的时候拥有了更加自主的权利，能够直接按照自己的生活习惯以及兴趣特征来选择自己的学习内容，并且自主控制学习的进度，提出一些问题并自己探究解决问题，最终提高自身解决问题的能力。将这种App作为载体的学习模式，满足了当前大学生对自主学习的实际需求，还能够开展情境学习，帮助大学生养成终身学习的好习惯，从而促进学生创造性思维的发展，让学生能够遵循自己的个性，不断地独立发展，成长为一个社会所需要的优秀青年。

（三）APP参与大学生的身份建构

每一个大学生都是一个独立的个体，手机中的一些功能各异的App，就属于大学生追求自己个性与表达的一种模式，也是大学生日常性格特征以及生活习惯的重要表现。除了QQ、微信和淘宝一些常见的App之外，大学生还会使用一些小众的App，以体现出自己的个性和独特。但是不论这些App多么小众，大学生都能在其中结识到一些和自己性格相投、年龄相仿的伙伴，并且在交流过程中能够构建出亲密的人际关系，增强自身的归属感。所以App已经对大学生的日常生活产生了巨大的影响，能够让大学生不断地完善认同自我，并且获得群体的认可。

（四）App充实大学生的碎片时间

App简单快捷的操作，能够让大学生生活中的一些零散的时间得到最大化的运用，不论是在放学后还是课间以及乘车的途中瞬间就能进入程序，然后观看一些新闻，或者玩一会儿游戏、发表一篇评论，而这种简单的信息获取方式使大学生的整体生活变得更加便利且愉快。移动分析公司曾经做过一项研究，可以表明移动应用的时间也有黄金的时间段，晚上 7 点的时候用户使用的频率最高，根据研究来说，用户在下午 3 点到晚上 10 点之间，会更大程度地使用移动应用，但是在晚上 7 点阶段则会达到巅峰时期，相较于电视的黄金收视时间段的晚上 7~11 点来说，互联网使用的高峰期也在这一时间，从早上 6 点到晚上 6 点，移动应用的使用率明显会超出电视或者互联网的使用率，而 9 点之后移动应用的使用率就开始下降，随着互联网技术的迅速发展，大学生使用网络的情况越来越显著，有越来越多的大学生开始使用 App，而 App 也就成为大学生思想政治教育工作的全新载体。

（五）App 作为大学生思想政治教育新载体的优越性

App 不仅满足成为大学生思想政治教育有效载体的基本条件，而且拥有鲜明特征和优势。

1.App 能够有效融合多种媒介，实现资源的深度挖掘与集聚

首先电视广播或者报纸杂志这些传统的媒体以及搜索引擎和社交平台，这些 App 都已经逐渐朝着互联网的方向发展，拓宽了全新的渠道，也给大学生思想政治教育工作带来了全新的媒介方式。其次，App 具有较强的兼容性，不论是文字图片还是视频音频，都能够聚集在 App 之中，通过链接就可以对信息内容进行整合，使大学生的思想政治教育工作的开展更加多元化，达到声情并茂。综上所述，App 是一种多种媒介包含在一起的复合式媒介，自身具有较强的整合与承载力。

2.App 与大数据技术紧密联系，促进信息的个性定制与服务

不同的 App 都是由大数据和云计算所运用的，通过对用户信息的采集和使用，就能够了解到用户的兴趣爱好，从而生成一些个性化的内容以满足用户需求，如今日头条能够精准地推送一些大学生日常喜爱的新闻内容，从而受到了大学生的喜欢。所以，App 也是大学生思想政治教育的主要载体，将这一载体运用在教育工作中，能够使思想政治教育工作者运用各种数据内容分析大学生的日常思想和行为，并且根据不同的大学生之间的差异定制不同

的精细化服务。随着 App 大学生用户数量的不断剧增，信息内容也越来越丰富，在大数据的基础上进行的分析也会越来越精准，服务会更加完善，从而吸引更多的大学生使用。

3.App 具备极强的交互性，有利于主体间的多向交流与互动

除了设计精美的 App 图标之外，一些具有交互性的 App 也能激发出学生的兴趣，更重要的是 App 之中的社交功能，能够让大学生更好地与他人交流互动，给大学生提供一个自由的空间。一方面，大学生可以把 App 当作表达自己想法的一个途径，并且还能够对自己一些感兴趣有兴趣的话题进行点赞和转发和评论。另一方面，思想政治教育工作者可以通过 App 之中不同的社区参与到大学生的日常生活中，了解大学生相互沟通之间的话题和素材，在良好的时机选择一些文字或语音图片的方式跟大学生进行实时交流或者一对一沟通，实现对大学生日常生活的渗透，因此，App 也是思想政治教育工作之中运用的重要媒介，能够实现信息的交互，推动大学生思想政治教育由灌输向交互合作转变。

# 第六章 网络环境下学校思想政治教育队伍建设研究

## 第一节 网络环境下思想政治教育队伍建设的必要性

加强对高校思想政治理论课程教师队伍建设，是落实我党教育方针的实际需求。在高校当前的思想政治教师队伍建设上，存在重视度不足的问题，主要就是部分高校领导对这一工作的重视程度不足，一些领导认为高校本身资源就有限，因此，好的教师需要用在一些重要的位置，导致思想政治教育的实际效果无法达到预期，从而就会导致高校思想政治教学无法取得预期的教学目标和结果，虽然这种认识看似存在一定道理，但是的确是错误的。对于高校的教师队伍建设绝不能等到教师队伍建设具有了一定成效才予以重视，也不能用错误的态度去对待这一事件，而是要在教师队伍素质有待提升的环境下，加强对队伍建设的关注度，多多支持教师，帮助教师不断提升自身的素质，这样才能更好地提升高校整体的教育成果。根据多个文件都明确说明了，高校思想政治理论课程是我党教育方针的主要表现，也是社会主义高校的基本特质，高校的思想政治理论课教学工作反映出了国家的实际需求，需要高校思想政治教学队伍的不断发展与壮大，通过建设高校思想政治教师队伍的工作开展，实际上就是完善了国家的相关需求。因此，不论思想政治理论课程教师的工作能力如何，即使工作能力有待提升的时候，高校都要给予其支持，各地的高校都要加强对教师队伍的建设，并且为其投入相关的人力与物力，这样才能更好地落实我党的教育方针，完成党交给自己的重要任务。

高校思想政治教师队伍的建设实际上也是高等教育工作开展的必然需

求，和其余的课程一样，高校思想政治理论课程的改革需要按照一定的规律，依照当前高校思想政治理论课程实际的规律和大学生的成长规律，对整体高校教育工作提升质量加强对教师素质的培养，因为对高校思想政治理论课程来说，教师是课程实际成果的决定因素之一，所以在教育工作开展中要加强对教师队伍的建设和改革教学方式，最为重要的也就是教师队伍的建设。教师的教学工作与科研工作是高校的主要工作，但是由于各种因素导致了这两种工作出现了不一样的情况，在高校的科研项目方面可以取得一些进展，而这些项目能够引发出教师的积极性，让教师愿意自主参与，而在教学工作的研究上，教师却缺乏自主性，通过进一步了解可以得知，在教学过程中专业课与思想政治理论课相比较来说，教师对专业课的兴致会更高一些，愿意投入更多的精力，而思想政治理论课程的教师通常都缺乏教学热情，因此，就需要对这一课程内容进行着重的关注。

现阶段的高校思想政治理论课程的教育模式还处在一个发展阶段，最主要的问题就是在方案落实中存在各种的艰险与挑战，但是所有的工作开展都是为了更好地将这门课程构建成大学生真心喜欢，能够对大学生起到影响的课程，想要完成这一目标就需要加强对于当前高校课堂教学效果的提升，每一个教师就代表着课堂的教学效率，而教学效果不会相互影响，因此，就需要对高校内部的每一个思想政治理论课程教师的教学水平进行提升，使其不断提升自身的教学质量。也就是说，高校内部的教师思想政治素质以及教学能力，对于教学状况的改善有直接的影响，所以当前高校要不断加强思想政治理论课程教师队伍的建设。

高校的思想政治理论课程也是大学生接受思想政治教育的主要方式，对大学生的思想政治素质提高来说具有重要的作用，通过教育工作能够为中国特色社会主义的建设培养更多的可靠人才，而作为思想政治理论课程的教育者，也要提升自身的教育水平，因为教育人员对思想政治理论课程的教育实际成果起着关键的作用，作为大学生思想政治教育工作开展的中坚力量，高校思想政治理论课程教师队伍的素质会直接影响到大学生思想政治教育工作开展的审计成果，所以当前高校需要不断加强思想政治理论课程，教师队伍的建设就需要首先把思想政治理论课程教师队伍的建设归入到自身的人才队伍建设培养过程中，统一安排保持以科学的教研方式为平台培养教师，不断提高自身的教学能力，一改当前存在着的教学问题，培养更多具有政治觉悟和扎实理论功底，善于将理论联系到实际的思想政治理论教师，构建出一支精湛的教师队伍。

通过多年的实践能够得知，高校的思想政治理论课程教学难度很高，并不比其他的课程简单，因此，对教师的要求也很高，想要成为一个具有高素养的思想政治理论课程教师，首先就需要提高自身的思想政治素养。高校的思想政治理论课程教学中具有较为显著的意识形态特色，因此，作为思想政治理论课教师来说，需要加强对自身理论知识的累积程度提升。教师要保持先进的教学理念以及教学水准，在当前多元化的社会环境下，一方面要面对社会站在不同的角度给高校的思想政治理论课程教学工作提出的全新的问题；而另一方面学生的思想受到了社会多元化思想的影响，也对思想政治理论课程教学的要求越来越高，这些都会导致高校的思想政治理论课程教学和其他的科目相比较来说难度较高。所以，针对其他课程的教师来说，思想政治理论课程教师的教育能力和教育觉悟需要具有更高的水平。针对教师来说，要提升自身的学术水平，马克思主义的理论知识来源于科学性，而思想政治理论课程教学的实际效果就需要教师将以理服人作为根本的教育目标开展教育工作。

现阶段我国的思想政治理论教师队伍建设还存在一定问题，人员素质较差，缺乏一些优秀的带头人，这些都是显著存在着的事实。在实际教学开展过程中，经常会感受到思想政治理论课教师自身的学术水平，影响了教师的教学能力，因此，需要不断加强对思想政治教师队伍的建设，就必须要抓住主要矛盾。矛盾总是在比较中才凸显出来，把思想政治理论课程与其他专业课程相比较来说，就能够得知思想政治理论课程的教师具有较强的奉献精神，并且愿意为教学投入，而且自身学历水平也能够满足教学需求，甚至其自身的教学能力还比其他一些专业课的老师更加突出，主要的差异就在学术水平上，也就是说教师缺乏学识魅力，学识魅力主要体现在教师的科研能力不足上以及缺乏学术意识与态度。虽然说这些教师有一些整体的教学成果也会比较好，但是大多缺乏持续性，不可持续。造成学识魅力不足的原因，主要是长期以来在教师队伍建设方面，人们往往只“做加法”，而忽视“做减法”，从而造成加法效果的大打折扣。多做些加法，如特殊的学位提升计划、诸多的教师培训、职称评聘等，不容置疑，这些都是必要的，也起到了一定的作用。然而，思想政治理论课教师并非高校中最优秀的。原因是多方面的，在我国的大部分学校中，思想政治理论课教师与其他专业课是教师相比较来说，最大的差异就是教学的目标十分重大，所以教师承受了过大的工作压力，也就是说思想政治理论课教学已经成为教师的一种负担，教师需要长期从事重复性的体力劳动，因而根本没有时间去顾及自己的学术科研内容，因此，导致思想政治理论课教师的科研成果越来越少，就是自然而然的了，进而还造成了管理层或其他专业课教师认为思想政治理论课教学不需要科研。久而久之，便造成思想政治理论课教师科研意识的降低和科研热情的下降，科研能力便无从谈起。如此，即使水平再高的教师，其学识魅力也会大打折扣。因此，解决问题的关键在于做加法的同时，还得做好“减法”。

要减轻思想政治理论课教师的教学负担，首先，使该门课程的教学任务回归到与其他专业课程同等的正常状态。思想政治理论课教学回归正常的教学状态还有很多工作要做，甚至还要做一些思想政治理论课教师本身的工作，因为工作量在一些学校是和工资津贴挂钩的。其次，要减轻思想政治理论课教师的心理负担，营造相对宽松的教学环境。国家、社会和学校各方面的高度重视和高度期待，思想政治理论课鲜明的意识形态都对高校思想政治理论课教师提出较高的要求，同时方方面面对思想政治理论课程及其思想政治理论课教师存在种种成见和偏见，有形或无形地给予了思想政治理论课教师心理或能力上的压力。适度的压力是好事，而过度的压力会使教师感觉不到或体会不到教学的乐趣，更谈不上快乐教学。给思想政治理论课教师创造相对宽松的环境，能激发他们内在的潜力和巨大的创造性，使他们的主动性和积极性得到更大限度地发挥。

总之，思想政治理论课教师队伍建设有不可忽视的重要性，工作要找准方向，做好加法和减法，国家、社会和学校都要给予高度的重视并赋予实际行动，才能让教师队伍建设得以顺利实现。

## 第二节 网络环境下思想政治教育工作者的媒介素养建设

### 一、网络环境下提升高校思想政治教育工作者媒介素养的必要性

数字电视、5G手机等一些新媒体都已经成为大学生日常生活之中必不可少的内容，而国内有许多专家学者都开始关注学生媒介素养教育的问题，但是却忽视了高校思想政治教育工作者在开展媒介素养教育时的必然性。在当前的互联网时代，思想政治教育工作受到了前所未有的挑战，随着互联网技术的发展，各种各样的电子信息技术平台开始对信息资源内容进行发布，并且能够促进人们之间的互动交流，而在传统的思想政治教育模式之中，信息的传播较为单向，教师只能按照自己的教学设计内容给学生讲解内容，随着技术的发展与成熟，信息逐渐成为多样性的状态，而教师在课堂上给学生所传播的知识点在网络上可能会出现各种各样的反对观点，在这样的环境下，如果高校的教师没有及时地运用网络平台跟学生进行思想政治教育、知识内容的沟通，而是还是采取传统的一对多或一对一的教育模式，那么就无法取得良好的教育效果。因此，当前的高校思想政治教育工作需要不断提升教师队伍的整体媒介素养，在实际生活中有很多大学生对新鲜事物的接触都很快，所以会很快地掌握传播技术，甚至这个速度会比教师更快，但是如果教师缺乏媒介素养就会导致与学生之间无法沟通，从而使思想政治教育工作无法达到理想的成效，在大众媒体发展的阶段中，必须改变传统教育工作中教师的权威地位，使教师不断提升自身的媒介素养，只有这样才能促进教师对学生的认知，从而更好地为学生做出指导与帮助。

### 二、思想政治工作者应具备的网络媒介素养

（一）网络媒介认知能力

其中，媒介的认知能力便指的是人类在大脑中形成的某种思想，这种思想的形成对媒介这样的一大事物进行二次加工和轻微的信息处理，这样的处

理具体表现为对其媒介的本质、构成及其相对发展的动力和规律等的认识，且在这个认识的基础上进行有关的“网络媒介”信息的重复加工和信息内容的重构。即思想政治教育者应对以计算机为代表的固定终端网络媒介、以手机为代表的移动终端网络媒介和其他混合式网络媒介的本质、构成及其发展的动力和基本规律等有清醒的认识，并具有对这些“网络媒介”的信息进行加工和处理的能力。

### （二）网络媒介使用能力

网络媒介的使用能力指的是人们运用科学的方式，使用网络媒介以及相关的网络内容，为社会的发展做出贡献，并且构建自身的整体结构媒介的运用，主要是由单向接收的能力构成，也就是人们对已知媒介素养进行了解，并且单方面地解读媒介的信息内容，有选择性地接收，从而去使用媒介的能力，比如，书籍、报纸、杂志、电影这些内容运用传统的媒介就是单向的媒介使用能力，除此之外，还有媒介的互动能力，通常说的是以互联网为主的新兴媒体的整体素质结构，也就是网络媒介使用能力。网络时代思想政治教育者不但要具备单向的媒介使用能力，而且要具备媒介互动使用能力。

### （三）网络媒介批判能力

网络媒介批判能力是指将现有的媒介知识以及与“媒介”相关的“经验”结合起来，对网络媒介的运作、使用、更新和创造等过程和机制进行分析、反思和批判的素质结构。它包括网络媒介分析能力、网络媒介反思能力、网络媒介伦理意识和网络媒介道德实践能力。思想政治教育者在使用网络媒体时，既是网络信息的采集者，又是网络信息的监督者、被监督者及网络信息的管理者，因此，必须提升媒介批判能力。

### （四）网络媒介创造能力

网络媒介创造能力是指对网络媒介内容进行技术处理和变革，以及对网络媒介这一物质本身进行革新和创造的能力。未来的媒介融合的趋势显著，信息对象的采集面覆盖越来越广，其中，文本、图像、音频、视频、动画等都会增添很多新型的制作方式。思想政治教育者不一定能将各种技术手段全部应用自如，因此，网络思想政治教育工作流程的创新既包括思想政治教育者个体的创新，更应注重群体的创新。比如，由掌握不同技能的思想政治教育者一起策划、甄选、整合编辑，许多思想政治教育网站编辑协同工作，各司其职，发挥各自技术优势，以提高网络思想政治教育的吸引力、感染力、战斗力。

## 第三节　网络环境下思想政治教育工作者的心理素质建设

### 一、网络时代思想政治教育工作者应具备的心理品质

（一）良好的认知能力

1. 敏锐的观察力

对思想政治教育工作者来说，敏锐的观察力是十分重要的，而这也是因为思想政治教育工作自身的性质所导致的思想政治教育工作，主要就是对学生的思想进行教育，而思想这一物品是看不见摸不着的，只能通过各种各样的现象表露出来。因此，教师在思想政治教育工作开展的时候，只能通过自身对学生日常的行为和言论进行观察，从而掌握学生的思想状态的变化，加强对思想政治教育工作的针对性以及主动性，提升整体的教育成效，思想政治教育工作者敏锐的观察力，主要在以下三个方向表现，即善于观察人们的语言、善于观察人们的行为以及善于观察人们的情感。我们每一个人的思想都是由自己日常的言行以及情感所表示出来的，因此，这三个方面就能够体现出教师工作的专业度，通过对学生的谈话语言分析以及日常行为了解，就能了解到学生的情绪变化，从而感知到学生对某一针对性事物的态度，以了解心理活动的状态，敏锐的观察力还包括了针对学生的直接与间接观察能力，这也是了解学生日常学习工作以及思想和生活各个方面的情况的重要方式。

2. 较强的分析研究能力

思想政治教育工作者对事物需要具有一个自身的分析与探究能力，看到事物的精细层面并且具备一个客观全面分析事物的能力，通过这种能力的运用，就能够使思想政治教育工作者看待客观事物的时候，既能看到本质又能看到深层次的含义；既能看到它的实际现象，也能透过现象看到它的本质；

既能认识到它的现状，也能预测到它的未来较强的问题分析能力，主要是由科学分析能力以及调查研究能力和理论研究能力构成的。科学分析能力主要是通过对马克思主义相关观点和理论知识的运用，去对不同性质的矛盾进行区分，并且针对问题进行定量定性的系统分析。而调查研究能力则指的是针对教育对象自身现状的调查，如社会实践，在调查社会观点中所体现出的调查能力。理论研究能力指的是能够独立开展思想政治教育工作的研究，并且将理论与实践联系在一起，推动整体学科的进步。如果缺乏较强的分析问题能力，那么也就无法在思想政治教育工作之中总结规律，并且把握好教育的尺度，最终也就无法促进思想政治教育工作的时效性提升。

3. 一定的创造力

当一个人拥有了敏锐的洞察力与较强的问题分析能力之后，通过自身的想象力就能进行创造力活动，而创造力也成为人们的创新能力，通过创造力的运用，能够使思想政治教育者朝着更高层次的方向发展。当前我国正处在社会主义现代化建设的全新阶段，因此，需要各种各样的人才去促进社会的发展，在当下的环境中，如何加强社会主义精神文明的建设，使思想政治教育工作得到改善，促进思想政治教育工作的效果增强，都需要思想政治教育工作者去不断地研究与探索。

（二）良好的情绪情感

1. 良好的情绪状态

良好的情绪状态主要是表现在教师日常拥有一个愉快轻松的心情，并且能够将理智与意志力并存，适度地对自己的情绪进行控制，通过愉快稳定的心情，能够让人们的日常生活更加积极向上。而拥有这种心境的人，即使在生活中遇到各种各样的困难挫折，也不会被打倒；缺乏这种心态的人，日常生活就会过得十分悲观与颓废，工作的时候也会感到无趣，对自己的日常学习与工作来说都会产生不利影响。当一个人理智与意志力并存的时候，就能够在生活中不断攻克难关，勇往直前，成为人们前进的动力，而消极的情绪则会对人们的日常活动产生抑制的作用，使人们缺乏自制力。应激存在着积极与消极两种作用，一般应激都能够使人们拥有更好的抗险能力以及特殊防御机制，使人们的精力旺盛，从而思维更加敏捷与清晰，即使在遇到问题的时候，也能化险为夷，摆脱困境，但是如果保持长期的应激状态，则会导致人们兴奋过度，注意力难以集中，言语行为出现紊乱的情况。所以，应激一定要保持适度的状态，才是一种良好的情绪。思想政治教育工作者，日常的情绪保持主要就是要乐观积极向上，但是却有适度的焦虑。自信属于良好情绪之中的主要因素，乐观向上的情绪状态，最为直观的表现就是外在表现而保持焦虑，则可以让人们的工作效率更加显著，从而能够更好地完成一些较为复杂的工作，而这对思想政治教育工作者来说是很重要的。

2. 高尚的情感情操

作为教育者首先得具备高尚的情操，同时将这高尚的情操投入到思想政治教育中去。高情操的情感投入是开展思想政治教育的基础，这也将是素质思想政治教育在实际推动中取得的重大要素之一。作为教育者应对教育对象保持热爱且充满爱心，而提高素质思想政治教育对被教育者的积极性，一则是取决于教育者高尚的情感操守；二则是教育者本身的责任感。其次最为重要的便是取决于教育者对教育对象的情感投入程度。所以，作为教育者必须倾注自己的感情，而且使被教育者也能感受到教育者在传递教育的同时的真挚和坦诚，也能让被教育者真正体会到教育者的关心和爱护，在这“传递”的过程中，教育者和被教育者之间就会产生情感反应，这是非常有利于教育者的教育工作。然而这所有的行为都是建立在，教育者应先培养其自身高尚的道德感和美感，用富有情感的行为和高尚的情操去“感染”被教育者。德才兼备的社会主义接班人是重要的，培养社会主义建设的接班人必须经过良好的思想政治教育，他必须具有良好的道德品质和优秀的理论素养，然而品质的最终形成必须具备道德情感的参与，这使才能和道德最终形成，在这转化的过程中它是依据一定标准的社会道德，同时在欣赏他人或者自己的行为举止、个人意图、思想言论时产生的情感体验，且对认真地学习知识以及认识事物的自然发展规律，和时时刻刻的探索事物真理的活动中有积极的助推作用。对事物美的体验被称为“美感”，美感可以使人们的内心瞬间变得振奋、乐观、愉快；同时还能尽最大可能地丰富人的心理活动，使其增加生活的情趣。从而大幅度地促进人类文明的发展。思想政治教育者只有具有了良好的道德情感素养，才能够将自身全部的精力都投入到思想政治教育工作中，从而对学生产生影响，提升教学的实际成效。

（三）顽强的意志力

顽强的意志力是思想政治教育工作者在日常的思想政治教育工作之中首先需要具备的优质心理品质。

1. 一定的自制能力

自制能力又叫作自制型自制力，所反映出的意志力是指人们在实际日常工作之中对自己情绪的控制，从而约束了自己的日常言行。它主要由两个方面构成，一方面就是加强对自身日常行动的督促，根据实际的需要，克服一些不利的因素，坚定不移地保持自己已经制定的道路而不断发展；另一方面就是能够合理地约束自我，克服一些自身存在着的盲目冲动的行为以及一些困惑、懒惰慌张等消极情绪，对自己的日常言行进行控制。这种行为通常都被人们称作克制或者忍耐，但是却不是懦弱。作为思想政治教育者来说需要具有良好的自制能力，思想政治教育工作需要对学生进行教育改造学生的心灵与人格，是一项十分光荣的工作，教师通过工作的开展能够帮助学生树立起良好的道德情操以及远大的目标理想，因此，这项工作的开展十分复杂，在对学生进行教育改造过程之中，不仅需要依照事实来给学生讲解道理，还需要通过引导对一些错误的言行进行批评教育，还包括对学生的日常行为进行管理等。不同的学生思想觉悟的差距较大，对一些批评教育或者相关的管理措施会采取不同的态度，甚至可能会出现巨大的阻力或者受到学生的反抗，如果自制力较差，不敢坚持自己本身正确的做法，那么就无法达到预期目标，但是如果过于冲动意气用事没有冷静处理事物就会导致矛盾增加，这两种行为都会导致思想政治教育工作的实际成果受到影响，所以思想政治教育工作者需要具有强大的自制力。

2. 顽强的工作意志

思想政治教育工作是一项复杂的工作，需要教师在思想政治教育工作开展过程中具有坚定的意志。坚定的意志指的是教师在完成工作目标的时候所表现出的不畏艰险、不怕困难、百折不挠、勇往直前的心理素质。具有良好工作意志力的教师，才能够经得起事物的考验以及困难的磨炼，强大的意志力，主要是来源于教师自身对职业的忠诚，也就是教师的职业素养，通过科学的世界观使教师能够具有全心全意为人民服务的整体价值取向，才能更好地表现出自身在工作中的意志力与自觉性，拥有意志自觉性的教师，就能够自然而然地对自己的日常行为进行控制，从而为了完成自身制定出的工作目标而付出一切努力。即使在过程中遇到困难与艰险的时候，也能不怕险阻地排除困难，勇往直前，这种品质反映出了教师自身的独特坚定立场以及信仰，对整体工作的开展具有重要的影响，也是保持坚持意志力的根本。意志的果断性指的是人们明辨是非以及进行事物决断时的能力，在恰当的时候要做到当机立断，不能犹豫，甚至在危及生命的情况下也能大义凛然、毫不畏惧，这样才能更好地形成强大的意志力，在不需要立即行动的情况出现的时候，需要立即停止自己的行为果断性，指的是以勇敢的方式去结合个人的聪明才智。意志的坚忍性指的是人们在意志之中一直保持着自己的坚持，并且用最大限度的毅力和精神力去克服各种各样的困难，从而达到最终目标的一种品质。长期的坚持也是意志力顽强的一种表现，拥有坚忍性的人们，针对一些不符合自己目标的客观因素的干扰，通常都能够自觉抵制，并且顺利完成自己的目标，不会过于计较个人的得失，即使工作开展十分无趣，也不会半途而废，仍旧会付出自身最大的努力。意志的自觉性、果断性以及坚忍性和自制性，都是属于教师在思想政治教育工作中需要努力提升的优秀品质。

（四）健全的人格

健全的人格是思想政治教育者自身心理方面必备的素质之一，通过国内外的研究可以得知，健全的人格是人们自身特征的总和，总体来说有以下几个特征：第一是人们心理的发展情况；第二是自身的人际关系保持情况；第三是将自身的智力与技能运用在事业的发展上。科学的人生观、价值观以及世界观是人们人格形成的主要因素，需要和社会的发展相匹配，拥有良好的品格，健全自身的人格，也是作为思想政治教师所必备的。

1. 科学的世界观、人生观、价值观

世界观、人生观以及价值观是属于思想的核心层面，也是形成人格的主要因素。人生观指的就是人们对自身的人生价值的实际看法，以及在日常生活中所保持的人生态度，人生目的主要是为了解决人们生存的问题，人生的价值主要是为了让人们感受到怎样的生活才是最有价值的。价值观念是人们对生活中各项事物的实际价值进行判断与评价的基础观点，在实际生活中，不论是在社会中的经济、道德还是政治文化领域，以及每一个人生活的各方各面，都存在着价值问题。在价值观中价值评价是核心的问题，价值评价指的是人们对客观事物的表现所采取的一些选择性的评价内容，也就是对客观事物是否具有价值进行判断的过程，人们在价值评价的过程之中通常都会采取一个标准去评判，而这个标准就是价值标准，不同的标准也会形成不同的价值目标，价值目标指的是人们日常行为的最终目标，它在人们一切的活动和行动中都有体现，并且能够成为人们行动开展的原因。人生观与价值观都是在人们的世界观影响下而逐步形成的。世界观是人们对这个世界最基础的看法和认知的总和，其中内容包括了社会观、人生观、自然观以及历史观。人生观指的是人们在世界观的角度上对人生问题进行研究，而世界观则决定了人生观。价值观是人们以世界观和人生观为根本，有什么样的世界观就会产生什么样的价值观念，人生观与价值观是在人们身心发展过程之中具有联系的，也是人们心理发展的重要影响因素，它会直接影响到人们未来心理发展的方向，并且为人们未来心理发展的方向提供原动力，对于思想政治教育工作者来说，需要首先树立起正确的价值观念与人生观念和世界观念才能对自己的品格不断完善。

2. 良好的个性特征

个性特征指的是人们日常所表现出自身的本质或者心理特点，个性特征主要是在人们的兴趣爱好以及气质性格方面进行体现。作为思想政治教师，需要具备以下几个较好的个性特征：第一就是要兴趣广泛。兴趣每一个人都有，但是有的兴趣是高雅的，有的兴趣是低俗的，有的人的兴趣十分广泛，而有的的人兴趣较为小众，人们说的兴趣指的就是高雅的兴趣。像政治教育工作者日常面临的通常都是具有一定文化水平、求知欲较为旺盛并且朝气蓬勃的大学生，所以如果自身的兴趣爱好较为单一，那么就容易导致自己的兴趣爱好不被学生接受，从而难以和学生沟通交流，像朋友一样相处，从而无法开展教育工作。第二是要具备较强的能力。身心健康的人自身的能力十分多元化，对于思想政治教师来说需要具备良好的观察力与注意力，记忆力以及思维力和语言组织能力等，通过这些能力能够帮助教师更好地去观察学生、了解学生，与学生沟通，并且给学生传输更多的思想政治知识，发挥出一个教师自身应该发挥出的作用。第三是要拥有高雅的气质。气质是人们的心理与行为活动的主要集合，他是一个人心理活动以及行为活动的独特点所在，人们的气质较为稳定，但是随着人们的成长以及生活环境的变化，都会使人的气质产生变化，思想政治教育工作者需要将自己的气质变得高雅，平时热情待人，真诚对事，积极上进，举止文明，透露出高雅气质，对学生产生影响。第四就是要拥有良好的性格。性格是每一个人个性表现的重要方式，性格对人们日常的行为习惯产生了指导的作用，因此，作为思想政治教育工作者，需要使自己拥有良好的性格。在生活中一定要勤奋积极，为人正直，乐于助人，敢为人先，养成良好的性格特征。

## 三、网络时代思想政治教育工作者心理品质的改善和提高

### （一）先天素质是良好心理品质形成和发展的自然基础

先天素质，是指人生下来就具有的解剖生理方面的特点，主要包括神经系统、脑的特点，以及感觉器官、运动器官方面的特点。先天素质也叫天资，它是能力形成发展的前提。先天素质的某些特点，有利于某种心理品质的形成和发展。例如，异常敏锐的嗅觉属于先天素质，这种素质对配制香料的工程技术人员的心理品质能力发展有一定影响，具有这种素质的人比不具有这种素质的人更容易发展相应的感知觉能力。高级神经活动类型是心理素质的重要组成部分，它的不同类型有利于不同心理品质和能力的形成和发展。例如，高级神经活动属于活泼型的人，有较大的知觉广度，能迅速解决问题，因此，有利于社交能力以及对多变环境的适应能力的发展，有利于形成乐观、开朗的心理品质。再如，高级神经活动属于弱型的人，一方面表现出工作精

力的低界限；但另一方面具有高度的感受性、印象的丰富性，有利于创造性思维的形成，因而易于从事精细劳动，并有利于艺术能力的形成和发展。

事实说明，先天素质对心理品质的形成和发展所起的作用是不能否认的。思想政治教育者能力的形成和发展也离不开先天素质这个自然前提。但是，不能把先天素质的作用夸大到不适当的程度。因为良好的先天素质只是为心理品质和能力的形成和发展提供了可能性，要把这种可能变成现实，还需要其他方面的条件。

（二）学习和实践是心理品质改善和提高的决定条件

心理学的研究表明，知识与能力有十分密切的关系。对任何一个人来说，学习和掌握知识都是培养能力的关键，不仅能启迪智慧，促进智力的发展，而且在活动中能为提高效率直接起定向工具的作用，正因为知识有这样重要的作用，所以没有任何力量比知识更强大，用知识武装起来的人是不可战胜的。

一个人要掌握丰富的知识，接受一定的教育是必要的，获取知识的主要途径是自学。研究表明，即使接受过高等教育的人，从学校学到的知识，仅占一生中获得知识的十分之一。思想教育工作者要做好本职工作，培养卓越的思想教育能力，就应坚定地走刻苦自学的道路。只有通过自己辛勤的劳动，博采知识园中的百花，才能真正酿造出滋润人们心田的蜜汁。

首先，思想政治教育工作者要学习前人的优秀文化成果和经验。思想政治教育者必须善于学习，刻苦读书，特别要认真学习和研究马克思、恩格斯、列宁、斯大林和毛泽东等无产阶级领袖的经典著作，因为它们能为无产阶级提供观察和处理问题的立场、观点、方法，对人们认识、改造世界有巨大的指导作用；同时，能加强人们工作中的原则性、系统性、预见性、创造性。只有用人类创造的全部知识财富来丰富自己的头脑，才能成为既有扎实的马克思主义理论修养又有广博知识的思想政治教育者。

其次，思想政治教育工作者要向现实学习，向社会学习。现实和社会是丰富多彩的，新思想、新理论、新知识、新观念、新事物层出不穷。思想政治教育工作者要关心现实，多接触社会，多接触实际，改变旧思想、旧观念。要到创造新生活的群众中，到不断发展变化的现实生活中，汲取现实生活中涌现出来的思想智慧和知识成果。要认真学习党的方针、政策，汲取马克思主义发展中的新成果。同时，还要广泛联系群众，特别是自己的教育对象，掌握他们的思想脉搏，从他们身上汲取养料，使自己不脱离社会、不脱离群众，既跟上时代的发展，又使思想政治教育能够理论联系实际。

再次，思想政治教育工作者要汲取国外优秀的文化知识。思想政治教育要贯彻“面向世界、面向未来、面向现代化”的方针，了解世界动向和思潮，汲取世界各国对自己有用的知识，特别是世界各国思想政治教育和现代管理方面的知识，从而使自己视野开阔，高瞻远瞩。

最后，随着现代社会进入网络社会，思想政治教育工作者必须学习现代科学技术和网络知识，以适应网络社会思想政治教育的需要。

思想政治教育工作者还必须加强实践，参加社会实践就是将学习的东西，通过思考和加工，运用于实际工作。这既是指导实践的过程，也是接受实践检验，进一步修正、充实自己的过程。如果不把学习的理论、知识和思考的结果放到实践中体验和检验，那就不是唯物主义者。实践就是接受群众的检验。在实践时特别要注意以下几点。

一是应亲自参加实践。即要自己亲自“下水”，特别是思想政治教育的领导者更应如此。社会实践活动是一个历史发展过程，政治教育工作者要想求得知识的真切、全面，必须反复参加社会实践。瞎子摸象、蜻蜓点水式的实践是不会有多大收获的。

二是实践应有计划、有目的。从事实践活动之前，应根据教育要求和教育对象的思想实际，选准目标，规划实践的课题内容，提出实践活动的具体要求，并且在每一个环节进行考察、分析，以便找出成功或失败的原因，为实践而实践是纯粹的形式主义，是不会收到良好效果的。

### （三）自我修养是心理品质改善和提高的根本途径

自我修养就是自我教育、自我提高。为什么在同样的环境和条件下，不同的人进步有快有慢，素质有高有低？原因是多方面的，其中很重要的原因，就是能否注意自我修养。

自我修养的过程，就是思想政治教育者政治觉悟、理论知识、思想水平、工作能力逐步提高的过程。如果把它作为一个运动的系统，其主要环节包括学习、内省、体验、提高。

学习是第一步，然后，将学来的东西在自己头脑里思考、加工。理论知识只有经过自己头脑的独立思考，才能变成自己的东西，形成和转化为自己的思想、观点、知识和才能，思考就是人们内在的思想矛盾运动，即对外界汲取的养料进行分析、研究、吸收、转化的过程。

把学习汲取来的知识改造制作成为自己的东西时，要注意多思，即要注意把理论与实际、书本知识与现状很好地结合起来，才能做到去粗取精、去伪存真、由此及彼、由表及里，这样不会把汲取来的东西当成教条，而是把它用于实践，从而提高自己分析、综合的能力。在这个过程中，还要注意不断反思，并用自己的认识指导自己的行动，即按照思想政治教育者应当具备的素质要求，反复进行对照、检查，找出差距和不足。“吾日三省吾身”讲的就是这个道理。

在思考过程中，除了需要分析、消化学习的东西外，还要加强对自己的品德修养，做到即使在个人独立工作、无人监督的时候也能够“慎独”，不做任何坏事。体验良好的思想心理品质，并将它上升为自己的行为准则，长此以往，就能形成表里如一、心口如一的良好作风。

总之，学习、思考、实践、总结是思想政治教育工作者进行自身修养过程中的四个主要环节，这四个环节互相联系、互相影响，缺一不可。在现实生活中，这四者是互相交织、无限循环的，只有全面掌握这四个环节，才能不断进步。任何一个思想政治教育工作者，都不是在具备了极好的素质修养后才去从事思想政治教育的，他们总是在实践过程中边干边学，不断进取，逐步提高的。因此，凡是重视自身修养的人，一定能够不断提高自己的心理品质，努力成为合格的、优秀的思想政治教育工作者。

# 第七章 高校思想政治教育的现代化转型

## 第一节 社会转型与思想政治教育现代转型

### 一、思想政治教育社会结构的改变

（一）时代变化

时代的主要特征，便是这里所说的时代现象。在中国，现代主义的现实社会是传统性的、现代性和后现代性叠加存在的社会，当然，处于主导地位的还是现代性。社会的基本因素便是由城市化、工业化、科技、教育、知识、文化，以及人类的因素、环境、生态、知识社会、信息社会、消费社会、全球化或世界社会等因素。

（二）社会变化

社会结构的分化和转型是其社会结构的核心部分，大量的社会要素本身是具有内隐性的特征的，在社会的地位中本来并没有占据很大的位置，现在却已经成为显性的因素，不但发挥着重要的因素且已经在社会系统中凸显了出来。这是造成社会多样化的基础原因。

（三）力量变化

这是“权力的转移”。由体力到机器、由资本到智力，知识在现代社会的地位越来越重要，越来越成为重要的力量。这是社会和人对文化提出了更高要求，是知识因素对社会、人的影响，进而人和社会对思想政治教育提出要求。这些构成思想政治教育的客观环境。从社会视角看，思想政治教育由传统到现代的转型，是由中国社会向现代转型所致。

## 二、思想政治教育现代转型的提出

自改革开放以来，随着社会条件的变化，思想政治教育不断进行改革创新，努力适应社会环境、对象需要和自身工作的需要，得到创新、发展和加强。特别是在高校系统，采取一系列措施，从学科建设到队伍建设，从课程建设到师资培训，从制度建设到机构设置，大学生思想政治教育得到了明显加强和改进。但就社会环境而言，思想政治教育仍面临新的挑战，有些情况甚至比以往更加严峻，使工作变得更加困难。社会上存在否定思想政治教育的思潮，思想政治教育机构数量也在萎缩。高校有思想政治工作，因为高校的组织还是传统的，还组织政治学习。

改革开放前思想政治教育之所以有较好的效果，其重要原因就在于单位思想政治教育活动与社会政治文化形成一体，内外相互增益。在开放的社会环境中开展思想政治教育，这种增益更加必要，而事实是这种增益在弱化。

## 三、思想政治教育结构转变

### （一）思想政治教育现代转型

现代转型同样是思想政治教育结构的转变。思想政治教育结构本身是一个需要探讨的课题。本书认为，思想政治教育结构包括外部结构和内部结构两部分。思想政治教育是做人的工作，做人的思想的工作。这类工作不只是思想政治教育在做，其他社会活动，至少与人有关的社会活动都在做。有人的地方就有思想政治教育，人人都是思想政治教育对象，人人都是思想政治教育者，全社会共同来做思想政治教育，思想政治教育分为专职人员和兼职人员等，这些观点都是这种情况的体现。这表明，思想政治教育工作并不是某一个单独的主体在完成，还有许许多多的社会主体都在共同完成思想政治教育工作，在诸多的社会主体完成思想政治工作的整体环境下，就会形成思想政治教育工作的外部结构，从而构成一个整体教育的外部格局，在当前我国的计划经济整体环境下，思想政治教育工作是由党委部门负责的，而党委部门之中的宣传部则是对思想政治教育工作直接进行管理的部门，社会中思想政治教育所有的主体形成了单一性的结构与统一性的特征，最终构成了一个思想政治教育的统一结构。

（二）思想政治教育内在转变

思想政治教育工作是一个全面的系统，这个系统之中由多种因素构成思想政治教育系统，在当前我国社会的发展过程中也不断出现着转变各个要素之间的关系，也在不断地产生变化并进行调整，如，思想政治教育工作者要素，过去思想政治教育工作者主要是由专门的政工人员担任的，也就是思想政治教育的政工人员和高校内部的教师与学科研究人员构成。又如，思想政治教育的科学化发展，想要更加长远，所以就在高校内部设置了思想政治教育的学科，并且形成了一个以思想政治教育工作为主的学科体系的人才培养模式，使一些思想政治教育的科研专家发表出版了一批思想政治教育学术论著。思想政治教育要素之间的关系也在调整。首先是分化，整体性结构（要素）分化为功能分工明显的结构（要素），如对象、内容、机构；不同领域、不同层次、不同对象、不同内容的思想政治教育有了区分，不同层次、范围、对象、目的、任务，以及不同的地域、机构、社会组织的思想政治教育有了明显的区别。其次是调整关系，思想政治教育要素在思想政治教育系统中的地位和作用发生了变化。从思想政治教育整体形态来看，思想政治教育知识已经由经验形态向科学形态转变，思想政治教育的学术性、科学性、现代性初步呈现，思想政治教育的科学性更加彰显，思想政治教育正在由传统形态向现代形态转变。

## 第二节　高校思想政治教育现代化转型的机遇与挑战

### 一、大学生思想政治教育现代化转型的机遇

（一）全球化为思想政治教育营造了优越的环境

1. 优越的物质环境

全球化发展使我国的各项全新的技术也谋求了良好的发展空间，不同国家之间的相互沟通交流形成了一个平台，随着我国经济的发展以及综合实力的提升，党与政府运用在思想政治教育的资金也在不断增加，当前我国的教育设施得到了改善，使教育的整体环境变得更加优越。而全球化的开放性也

使思想政治教育工作者在教学的时候能够使用更加先进的教学方式，具有更加丰富的教学资源，从而更好地开拓了自身在教育工作之中所使用着的思维，使我国的思想政治教育的整体开展效果变得更加优秀。

2. 优越的政治环境

在全球化的整体环境下，国际社会已经成为一个不可分割的整体，不同国家都已经逐步地认识到了，自身想要更好的发展就需要与其他国家之间相互帮助、相互依存，在经济上共同发展。因此，当前是一个和平与发展共存的时代环境，我国的经济迅速发展使我国很快能够在世界各国之中占据一席之地，这给我国的思想政治教育工作开展提供了一个良好的国际环境，并且也提供了强大的说服力。法制的不断建设与完善，以及我国政治制度的优越性和全面发展，为我国的思想政治教育工作提供了一个强大的政治背景。

3. 优越的教育环境

全球化的发展也使当前我国的思想政治教育工作，拥有了更加丰富的教学资源和良好的教学环境，从而有效地促进了思想政治教育行业的不断进步。良好的教学资源，能够使思想政治教育工作开展的时候拥有更加丰富的内容，而多元化的教学方式则弥补了传统教学之中的教学模式的问题。所以，在当前的全新环境下，面对全新的问题，教育工作者需要重新定位自身的教育目标，在教学过程中不断改革教学的方式，使教学内容更加丰富，采取多元化的教学模式开展教学工作，并且还要保持一种平等、开放、互助的精神去和学生进行沟通对话。

### （二）全球化促进大学生思想政治观念不断更新

在当前的经济全球化整体发展中，大学生正处于一个前所未有的时代里，所以他们的眼界也在不断地增长，传统观念之中的一些错误观念也已经逐渐被打破。当前我国大学生群体的整体思想境界变得更加自由和开放，他们十分关注我国内部的各种形式发展，国际之间的竞争以及自主择业等一些事件都唤醒了他们的竞争意识以及自我意识，所以大学生拥有较强的主体意识和平等意识，也进一步增强了自身的人权意识，对我国出现的一些腐败行为产生了激烈的反对，而这些都能够帮助高校思想政治教育工作开展更加顺利。

（三）全球化为高校思想政治教育创新提供了条件

全球化是以科学技术的发展为根本的，并且能够满足科学技术当前在全球范围之内的进步，科学技术尤其是当前的信息、网络技术为全球化的发展提供了相应的助力，也成为思想政治教育工作开展所使用的全新方式与媒介、思想政治教育工作的开展，对当前科学技术的运用越来越常见。首先，信息技术尤其网络技术的迅速发展，使我国的思想政治教育工作开展的方式方法得到了极大的创新，通过现代化技术的运用，使思想政治教育工作具有了更多的教学资源与空间；其次，全球化的发展是高校的思想政治工作朝着制度化与法律化发展的整体方向具有了一个扎实的基础；再次，全球化的发展让人们拥有了更加强烈的参与意识，而在参与意识的指导下，高校思想政治工作的主体也在不断增强自我意识，而传统教育之中对学生直接灌输和学生被动接受的教育模式，正在逐步地被淘汰；最后，当前全球化不断发展所带来的开放环境，使各国之间的文化交流变得十分频繁，而这些都能够打破传统的思想政治教育之中一些过于封闭的想法和状态，为全新的工作方式开展、运用提供了相应的保障。

## 二、大学生思想政治教育现代化转型的挑战

### （一）全球化对高校思想政治教育环境的影响

#### 1. 社会环境复杂化

从整体国际环境的转变来分析，经济全球化正在不断地席卷到世界各个国家，中国也在经济全球化的影响下出现了巨大转变。经济全球化使我国的经济得到了迅速发展，并且也使各种各样的思想观念出现在了我国青年人的视野中，因此，导致我国的主流意识形态以及青年人的价值观念都受到了极大冲击，使思想政治教育工作的难度更大。从我国内部环境的转变来分析，随着我国改革开放的不断发展，我国的社会生产力正在迅速提升人民的物质生活，得到了极大改善，而市场经济下也逐渐出现了一些利己主义以及缺乏理想信念、对社会主义建设缺乏信心的错误思想观念，导致思想政治教育工作遇到了全新的困难。

2. 学校环境复杂化

我国在应对全球化整体发展的过程中，正面临着极大挑战，分别是多元化的开放挑战、多元化经济挑战、多元化文化挑战以及多元化结构调整，而这些都在对我国发展过程中起到了一定的帮助的同时，也给社会的发展带来了一定的影响，导致当前高校的教育环境变得更加复杂化，也影响了思想政治教育工作的实际效果。

（二）全球化对高校大学生的影响

1. 马列主义意识遭到削弱

在经济全球化的发展过程中，意识形态的渗透正在不断增加，西方一些资本主义国家的政客在全人类共同利益的借口下，极力推崇全球经济化，导致意识形态的作用开始下降，主要目标就是为了淡化我国的社会主义意识，方便他们向社会主义国家强行渗透他们的意识形态。除此之外，当前的经济全球化也带来了外部压力，使我国的市场经济正在面临重要的转型阶段，再加上我国改革所产生的一些负面效应，使一些不良思想具有了一定的生存空间。因此，在整体经济全球化的影响下，西方的各种不同的意识形态开始融入我国大学生的日常生活中，而马克思主义的意识形态被逐渐削弱，一些大学生逐渐开始对马克思主义指导思想产生怀疑与否定。政治多元化意识，以及经济私有化意识和自由意识，在大学生的日常生活中开始被探讨与接受，而这些都对高校思想政治教育工作带来了极大的挑战。

2. 爱国主义情感淡化

西方意识的影响不断增强，会导致我国大学生的爱国主义教育工作产生一些不利方面的影响。随着经济全球化的发展，导致了各民族国家与地区之间开始融为一体，国家之间的边界开始变得模糊，人民的民族意识也开始逐步淡化，与此同时，在经济全球化的发展过程中，尤其当前的信息技术和网络技术发展十分迅速，导致西方价值观念传入了我国社会，其中一些享乐主义、个人主义等错误的价值观念，会导致我国的大学生群体缺乏集体意识以及民族自信，从而对他们的民族甚至国家意识产生影响。在这样的环境下，一些传统的爱国主义情感逐步弱化，缺乏国家利益观念以及对祖国的热爱，导致青年人容易对我国民族历史悠久的文化产生情感疏理，使其自信心以及民族自豪感逐步减少，这也给大学生思想政治教育带来了极大的影响。

3. 信念教育被冲击

在当前经济全球化的发展环境下，由于我国开始融入国际经济之中的各种经济结构以及利益分配模式，使我国的组织结构和就业方式都得到了极大的改善。但是各种与马克思主义相悖的思想学说使我国大学生的理想信念教育受到了极大影响。理想是一个人精神的支撑，而信念则是勇往直前的动力，很多大学生对社会主义以及共产主义的理想信念产生了动摇，反而对西方社会的意识形态和整体社会制度产生了信赖，从而丧失了自身的信仰与依托，开始相信一些落后愚昧的想法,且还会经常在封建迷信里面寻找自身精神寄托。

## 第三节 高校思想政治教育现代化转型的发展方略

### 一、大学生思想政治教育现代化转型的理念创新

（一）树立开放性教育理念

1. 创新教育形式

形成一个开放性的观念，需要首先对传统文化的内容进行传承与发展，保留其中的精华内容，去除一些和当前时代不符的落后文化内容，而最重要的就是要保留思想政治教育课堂，进而去创新一些德育实践活动，使学生能够不断提升自身的思想道德觉悟，让思想政治教育课堂的教学模式得到改革。与此同时，要有目标地去找到学生在实际接受教育过程中存在着的思想问题，并且针对思想政治教育课堂之中存在的全新问题进行全新的尝试，运用创新的模式去解决问题，运用开放的观点去看待问题。

2. 坚持理念统一

思想政治教育会直接受到学生自身思想发展以及社会不断增强的开放性的影响而产生变化，因此，思想政治教育工作者需要打破传统的观念，不断掌握全新的知识内容以及教育模式。与此同时，还要树立起一个良好的开放性思维，保持主流文化的引导，多鼓励学生融合多元化发展的整体观念。

但是不要对学生的个性化发展施加过度影响，要允许主导性否认多样化，不能让学生由于自身的个性发展过于强烈，对知识内容的学习产生抵触，从而导致学生的未来发展过于单一。如果过于关注多样性而缺乏对统一性的认知，就会导致思想政治教育的整体方向出现巨大的偏差，从而使学生在今后的人生道路上容易遭受困难与挫折，使思想政治教育工作的实际效果无法发挥出来。

### （二）树立以人为本的教育理念

#### 1. 确立主导地位

长久以来，理想信念教育都是我党对思想政治教育工作开展要求的重要内容，通过对学生开展理想信念教育，对学生整体未来发展具有重要影响，因此，在教育工作中需要将以人为本的根本目标不断坚持，绝不弱化思想政治教育的实际功效，而是要强化教育的实际效果，使学生在理想信念教育过程之中不断提升自身的理想信念以及人生观、世界观与价值观，使学生能够具有良好的道德素养。

#### 2. 思想问题与实际问题有机结合

思想政治教育需要将解决思想问题以及解决实际问题这两个解决问题的思路融合在一起，才能体现出思想政治教育工作的人本性。学生总是会不断产生全新的思想问题，主要原因就是因为学生遇到的一些实际问题没有得到解决，因此，思想政治教育工作者的工作，首要目标就是为学生解决实际问题，使思想政治教育工作的开展更加具有说服力，使学生能够自主自觉地愿意接受思想政治教育工作。因此，作为思想政治教育工作者，既要拥有良好的管理意识，还要拥有服务意识，要从根本上提升自身的工作效率，并且站在全心全意为学生服务的角度上开展工作，这样才能让学生在受教育的时候感受到关爱与温暖，从而更加具有归属感。并且作为教育者还要多多聆听学生的心声，了解学生的情绪以及实际存在着的困难问题，这样才能运用真理的力量以及自身的人格魅力对学生产生影响。与此同时，还要加强对学生的择业就业指导工作的开展，使学生能够拥有更好的就业竞争力，关注学生的日常心理存在的异常情况，帮助学生不断舒缓自身的心理压力。

3. 积极进行自我教育

加强对学生动手能力以及自我服务能力的提升，构建一个完善的管理模式，形成有效的服务体系，从而改变学生长久以来被动接受教育的现状，引导学生自主教育、自主管理，给学生营造出良好的成长环境，使学生能够在环境之中不断发展自身的个性，并且感受到自己的实际需求被重视，这样才能对思想政治教育工作产生强烈的归属感，并且希望通过自己的才能来实现自我价值，强化自我意识以及行为道德责任感。在这样的环境下，学生能够更好地将各项规章制度融入自身的日常行为规范中，促进学生人格的完善以及健全，使学生的全面素质得到提升，因此，对学生的成长来说具有重要影响。

（三）树立动态发展的理念

要想实现思想政治教育的现代化发展，就要意识到它是一个动态的过程，思想政治教育工作者需要用发展的目光去看待问题和解决问题，传统的思想教育工作一直没有取得较好的效果，就是由于自身的静态性所导致的。因此，作为思想政治教育工作者，首先要去了解马克思主义基础理论的知识，尤其针对其中发展理论的相关论述，还要意识到科学发展观这个重要的理论观念，这样才能确保自身的思想政治教育工作开展能够与时俱进，做到与时代的发展保持同步。

## 二、现代化思想政治教育转型的内容创新

（一）坚持正确的教育观

世界观、人生观以及价值观是人们思想的总和，人们的思想觉悟主要就是取决于一个人的三观，这三者之间形成了一个有机的整体，一个人有什么样的世界观就会形成什么样的价值观和人生观，而人生观与价值观也是世界观的重要构成，是世界观的主要体现方式。大学时期是学生自身形成价值观念的重要时期，因此，在这一阶段高校的思想政治教育工作需要依照学生的实际情况，考虑到全球化经济发展对大学生思想产生的影响，并且采取相应的方式来开展教学工作，确保对大学生进行引导，让大学生形成健康的三观。在参与到全球化进程的过程之中，还要不断强调经济文化全球化发展带来的危害，从而让大学生对西方的各种思想以及价值观念的涌入和渗透，保持高

度的警惕。依照整体国际经济社会的发展情况和大学生实际的思想动态，加强马克思主义的相关理论知识教育，使大学生能够正确认识到西方思想之中的平等、自由等思想，将资产阶级价值观念，以及无产阶级价值观念清楚地区分认知，要多弘扬科学文化精神的教育，让学生树立起科学的观念，防止一些封建迷信活动对大学生的思想建设产生不利影响。保持理想信念教育，将坚定不移的正确方向当作思想政治教育工作的根本，深入贯彻以人为本的教育观念，依照大学生自身的身心发展规律，对大学生的思想品德进行教育，最终使大学生能够形成正确的世界观、价值观以及人生观，确保大学生自身的思想道德保持正确性与先进性。

（二）培育民族精神

时代的发展使大学生的民族精神以及爱国主义精神培养的方式产生了巨大的转变，在全新时代背景下，对大学生开展的民族精神以及爱国主义教育工作要具有全新的方式。民族精神是一个民族在不断发展过程之中通过社会生活与实践而逐步形成的，和大部分人内心的品质以及精神特征和价值取向有着重要的关联，而大学生的民族精神培养是十分重要的，因为大学生是祖国未来发展的希望，对一些受教育程度较高的大学生来说，他们的民族精神代表了祖国未来的希望。因此，为了增强对大学生的思想政治教育工作力度，使大学生能够弘扬民族精神，就需要对大学生开展爱国主义教育，让大学生能够坚定自身的理想信念，愿意艰苦奋斗，不断朝着正确的方向发展。学生最终能够增强自身的民族自信心，因民族自豪感进一步形成正确的价值观念，而这一工作的开展具有重要的现实作用。

（三）强化集体主义教育

一些人认为，全球化是在市场经济的环境下所表现出的基础特征，而市场经济更加关注于市场主体的利益，为人民服务以及集体主义的精神缺乏意义。还有一些人认为，为人民服务和集体主义是对党员以及领导干部的要求，在当前的市场经济环境下，人民群众并不需要去遵守这样的要求，也就是说这一部分人缺乏为人民服务以及集体主义的意识。为人民服务实际上是属于无产阶级的价值观念，也是我国社会主义道德建设的核心内容，人们是在社会之中的，因此，每一个人只有在社会之中存在，才能更好地发展。集体主义与社会主义市场经济十分契合，并且也是社会主义市场经济发展的实际需求，为人民服务与集体主义是社会主义经济发展的基础以及必然结果。当前大学生只有不断形成一个为人民服务的集体主义思想，才能在当前经济全球化不断发展的过程中，在社会主义市场经济的整体环境下，自觉地去抵制一些外来的腐朽文化，如自私主义、利己主义、享乐主义等，将个人的理想发展与国家和社会的利益进行统一，这样才能在一个为国家与人民做出奉献的环境中不断实现自我价值。

## 三、高校思想政治教育现代化转型的方法创新

### （一）促进自我教育

自我教育是思想政治教育的一种方法。所谓大学生自我教育是指在大学生思想政治教育要求的影响和启发下，思想政治工作对象发挥自主因素进行自我认知、自我调控和自我发展的思想和行为的教育活动。自我教育理念下的大学生思想政治教育实践，是一种创新实践，是教育理念的全新变革，是以学生为中心、以个体发展和完善为目的的教育。探索一条以自我教育为核心的思想政治教育模式，是一种方法上的突破。引导学生进行自我教育，就是在政治、思想品德方面，帮助学生学会正确地认识自己和评价自己，培养学生自我协调、自我控制的能力，进而把自己放在一定的社会关系中，在与社会的相互交往中，实事求是地评价自己，坚持好的，修正错误的，使自身修养得到不断升华。

### （二）多种方法相结合

1. 心理咨询法

心理咨询法的含义是说，在思想政治教育工作之中，运用心理学的相关知识内容，更加生动形象地去表述教学的内容，通过科学技术的运用使学生的心理受到影响，从而消除学生在认知情感上出现的一些心理障碍问题。心理咨询就是为了帮助学生更好地去认识自我、接纳自我，并且促进学生的发展。心理咨询之中的激励原则，在整体思想政治教育之中能够发挥出重要的作用。自我国改革开放之后，我国的经济以及政治文化都在不断地发展，各

种各样的西方外来思想也开始涌入我国社会之中，使大学生受到了极大影响。由于大学生的自我控制力较差，并且思想意识形态还在发展阶段，所以在外来文化前，一些大学生很容易被错误的思想所影响，导致学生厌倦学习出现过激行为，甚至会出现不满现象，对社会的安全产生了极大威胁。这些都是属于心理上的误区状态，通过心理咨询法能够让学生更好地运用辩证的思维去看待问题，并且不会让学生由于一时冲动而产生一些错误的想法和行为，从而更加有效地对学生的日常行为进行引导，让学生保持正确的发展道路，在社会主义的建设过程中不断实现自我价值。

2. 冲突缓解法

冲突缓解法是指学生由内而外的矛盾冲突的解决方式。通过形成一个完善的相关机制，给学生提供一个宣泄的途径，让学生能够产生一个正确的思想认知，从而更好地去处理问题。冲突缓解法可以分成环节以及处理两种模式，而缓解则可以分为两种，分别是事态缓解与矛盾缓解。事态缓解的含义是说在冲突发生之前都会事先有一定的预兆，因此，要在预兆出现的时候就直接解决，防止问题进一步扩大；矛盾缓解则是指在冲突发展的过程之中，通过发泄以及疏导的方式来防止学生出现一些对立的情绪——改变当前的事态发展。事态处理指的是在矛盾出现之后需要立刻采取各种措施，它对时间的要求较强，需要在短时间内促进问题的解决。这种情况是针对一些较为紧急，容易出现严重影响的事态，一般都是采取切断源泉以及紧急求助等模式。

冲突缓解法与心理咨询法是在不同环境下所产生的有效解决问题的模式，通过将这两种模式融合在一起，就能对学生的实际心理状态产生影响，使学生能够正确对待困难并且走出困难。当前的大学生属于全新的一代人群，他们较为自主独立并且拥有个性，坚持个性过于自我的现象，都是当前大学生经常会出现的一种状态。目前，大学生的刑事案件经常发生，引起了社会各界的重视，也给思想政治教育工作的开展带来了极大的挑战，只有通过合理的方式，才能在问题出现的时候，更好地对问题进行控制。

3. 实践锻炼法

实践锻炼法主要就是教师要积极地引导学生多参与到社会实践之中，让学生在不断改变世界的过程中提升自己的主体意识，并且具有较强的思想觉悟和认知能力，培养学生正确的世界观念与价值观念。实践锻炼法主要是由社会服务以及社会考察等活动构成的社会服务，是使用自身的治理以及体力劳动，给其他人们提供相应的帮助，帮助他人解决问题，在社会服务活动开展的过程之中，服务的主体能够更好地感受到社会之中充满的正能量，从而更好地帮助学生朝着正确的思想方向不断发展。这个活动的开展，对学生今后解决问题、分析问题以及融入社会来说都有一定的促进作用，在技能比赛的时候能够帮助人们综合能力的提升，使学生能够具有良好的团队合作能力，以及在自己的能力范围内解决自己所遇到的困难，帮助其他人摆脱困难。社会考察是人们认识社会以及了解社会的重要方式，在社会考察之中，学生可以接受到各式各样的锻炼，并且也能学习到各种各样的知识，因此，社会实践属于一种学习的方式，能够帮助学生更加全面地发展与提升，促进学生思想的进步，使学生在处理各种问题的时候都能够从容地去面对。

（三）运用新兴工具开展思想政治教育工作

1. 利用网络开展教育工作

网络技术的运用给大学生思想政治教育工作带来了全新的挑战，但与此同时，也为教育工作的开展提供了良好的条件以及相关的渠道，通过网络技术的运用，教师可以很快速地了解到大学生自身实际的思想状况以及社会上的一些热点新闻，从而就能够更好地促进师生之间的沟通交流，帮助大学生解决心理问题。除此之外，高校的思想政治教育工作者要加强对大学生思想情况的了解，并且多关注社会热点，及时与学生进行沟通交流，运用网络资源加强对网络信息的管理，通过网络教育网站以及平台的设立，建立一个思想政治教育工作的信息资源库，通过微信、微博、抖音等 App 对大学生进行引导，让大学生能够更好地接受思想政治教育，最终使思想政治教育工作的辐射范围更大，提升大学生思想政治教育工作开展的实际影响力。

2. 运用新媒体开展教育工作

现阶段以互联网和微媒体为根本的新兴媒体，已经全面地融入了大学生的生活之中，互联网也成为大学生日常一种十分常见的生活以及学习的模式，所以互联网也为大学生思想政治工作的开展提供了一个全新的渠道。虽然当前我国高校已经意识到了网络对思想政治教育工作的重要性，并且也开始逐步建设一些内容较为丰富的网络教学专题网站以及思想政治教育板块，但是这种网络教育属于一种单向的宣传模式，缺乏双向的沟通互动。因此，高校需要继续加强对网络的重视度，意识到网络对思想政治教育的作用并且不断完善思想政治教育工作网站的内容，充分利用微信、微博等新型传播介质，要确保全体的思想政治教育工作者都能够在当前的网络环境下，针对全新的问题不断总结自身的经验以及学生发展的规律，并且运用新兴的媒体与网络技术和大学生实现双向的信息沟通交流，加强信息反馈，使思想政治教育工作具有全新的发展，并且能够更加符合于整体时代的特征。

因此，在全球化背景下，大学生思想政治教育关系到高等教育改革发展，关系到人才培养的质量。高校思想政治教育必须以马克思主义立场、观点和方法为指导，坚持正确的原则，明确基本思路，革新基本方针，更新教学内容，创新教学方式，努力构建新的工作机制和方法体系。

（四）打造特色校园文化开展教育工作

大学生群体是我国思想政治教育工作开展的主要受众群体，构建出特色的校园文化使思想政治教育环境更加优越，能够直接提升思想政治教育工作的实际效果，促进思想政治教育的现代化发展。因此，教师一定要合理地站在时代发展的特征环境下，将思想以及行动统一与党中央保持一致，并且增强德育教育工作的责任感以及使命感，抓住机遇，迎难而上，不畏艰险，加强对大学生思想政治教育工作的推动，使大学生思想政治教育能够具有全新的发展。

全面贯彻落实习近平新时代中国特色社会主义思想，积极推动校园文化的建设，将以人为本作为根本的教育目标，使教育工作内容更加贴近于学生的日常生活，发挥出党政团干部以及思想政治理论课教师和辅导员队伍的作用，使校内的全体党政工作人员都能够参与到活动的组织中，从而开展更加丰富多元化的主题教育活动，使思想政治教育工作具有更强的针对性，对大学生产生吸引力，使大学生能够德、智、体、美、劳全面发展，成为社会未来发展的接班人。通过思想政治理论课程的开展，以及校内的知识讲座举办和研讨会、交流会的模式，去开展一些社会实践，通过这些多元化的活动能够更好地凸显出主题，让学生能够在日常的生活之中随时随地接受到思想政治教育，形成一个良好的校园文化环境。

## 四、高校思想政治教育转型机制创新

### （一）决策、管理机制创新

在开展思想政治教育工作的时候，思想政治教育工作者自身的工作决策，以及对学生的管理会直接影响到教育的实际成效，教师所做出的决策合理性以及管理的科学性都会影响到思想政治教育工作实际开展的作用。因此，要想更好地促进教育的成效得到提升，就要对思想政治教育决策和管理朝着现代化发展。首先要形成一个决策与管理的相应控制机制，在思想政治教育开展的时候，针对教育过程中的各项因素进行维护，对不稳定因素的出现，严格分析研究，使其能够更加稳定地发挥出自身的作用，做出任何决策以及管理措施的时候，都需要让整体思想政治教育活动的开展变得更加稳定，并且对活动中的各个环节进行良好的控制。其次要形成一个决策与管理的相应激励模式，思想政治教育工作者要将基地融入日常教育的决策与管理工作中，并且不断践行，使学生能够在接受教育的时候更加积极主动。最后要形成一个决策与管理的系统性，对思想政治教育实践活动开展的任何决策与管理模式制定之前，都要考虑到整体活动实践性，使其功能能够大于相加之和，这样才能让思想政治教育活动在最大程度上取得实际效果。

### （二）运行机制创新

思想政治教育工作的运行机制以及创新模式确保了活动开展的实际效果，因此，一个良好科学的运行模式，能够更好地使思想政治教育机制发挥出自身的用途。

#### 1. 要优化运行主体

要想促进思想政治教育工作者自身理论素养的提升，就要提高他们的道德素养，进而使他们能够提高自身的综合素质，一个好的教师在思想政治教育实践活动开展的时候，对最终的活动结果会产生巨大的影响。因此，要对一些优秀的教师发挥出模范作用，让他们去激励学生更加积极主动地参与到思想政治教育实践活动之中，配合活动的开展。

2. 要优化运行方式

作为思想政治教育工作者，要站在实际的角度做到实事求是，尊重客观规律，使学生能够发挥出自身的主观能动性，并且要多多站在学生的角度为他们去思考；与此同时，还要促进情感交流，使学生与教师之间的情感交流更加密切，形成一个平等互助的朋友关系，从而让学生在接受教育的时候更加具有认同感与归属感。

# 第八章 智能手机载体建设在高校思想政治教育中的应用

## 第一节 智能手机媒体与思想政治教育载体的概念

### 一、智能手机媒体及其信息传播特点

（一）新媒体与智能手机媒体

“新媒体”是一个相对概念，在不同时期“新媒体”的内涵不同。学术界对新媒体相关概念的界定，尚未达成共识。目前，关于“新媒体”较为主流的定义是依托数字技术、网络技术，以互联网、卫星、无线通信网等为渠道，以及手机、计算机、数字电视机等为终端，向大众提供信息和多种服务的传播介质和形态。就其外延而言，新媒体主要包括光纤电缆通信网，都市型双向传播有线电视网、图文电视、电子计算机通信网、互联网、手机和多媒体信息互动平台、多媒体技术以及利用数字技术播放的广播网等。新媒体集虚拟性、开放性、交互性、超时空性和族群化多种特点于一身。在虚拟的新媒体环境中，出现了越来越多的草根明星，避免了“把关中心”的内容审核，省去了烦琐的审核程序，每个个体既是接收者又是传播者。新媒体双向互动的特点，很好地满足了受众获取信息、表达意见、成为焦点的需求，真正实现了“零屏障”和“零时间”。个人与个人之间、个人与群组之间、群组与群组之间都能通过不同的交流方式和媒体途径取得联系、相互交流。随着第三代移动通信技术的兴起和成熟，移动通信技术将互联网技术和数字媒体技术合二为一，使手机成为集通信、文字、图像、音视频、游戏等众多功能于

一体的便携式新兴多媒体，提供包括短信、手机报、手机广播、手机电视、手机游戏、无线互联网等多种业务。从“新媒体”的技术角度而言，网络媒体、手机媒体和互动性电视媒体是新媒体的典型形态，而手机媒体是新媒体的最主要表现形式。

手机最深远的意义是加快了地球村的形成，它提供了一个减震器，使得我们在地球村里的任何地方都能够接触到任何信息。对手机媒体的定义，不同领域不同专业的侧重点或多或少存在差异。

从传播内容及特点的角度来看，手机媒体是借助无线通信、互联网等技术手段，将文字、图像、音视频等信息通过移动终端接收和发送，最终实现双向或多项互动的信息传播新媒体。

从通信技术的角度来看，以无线通信技术、计算机技术和信息网络技术的结合催生出来的一种新型大众化媒体。

从手机的使用功能的角度来说，手机媒体是集通信、影音、游戏、娱乐众多功能于一体的上网通信工具，从手机未来发展的前景角度来说，5G 技术将有效地实现多频率并存，改善高低分化的局面，网络信号将全面覆盖，弥补网络信号不能穿透高大建筑物的现象，届时，手机媒体将真正实现互通无碍。

### （二）智能手机媒体的传播特征

智能手机媒体在符合信息主义传播的需求下，将网络化、社区化、工具化、全球化、互动化和个人化这六个基本要求融于一体，同时还具有完全的个人隐私性、高度的携带性和强大的多媒体功能。

第一，传播范围广。从数量上看，手机媒体早已超越手提计算机成为第一大媒体。随着信息技术的不断发展，尤其 5G 网络的广覆盖，移动通信资费不断下调，手机网络成为潮流的宠儿、高速通信的象征。智能手机是当代大学生的不二选择，与全球传播网的互动，将促使人类的信息传播系统发挥越来越重要的作用，为思想政治教育信息的广泛传播创造良好的发展环境。

第二，传播互动性强。互动性包括两层含义，其一是指信息发布者与受众者之间的信息互动交流。其二是指信息受众者在交流过程中有把控权。报纸、广播、电视、电影等传统传播方式往往是单向的，电话、面谈能很好地实现双向互动。受众可以通过手机邮件客户端、手机短信、手机微博客和各种 App 软件等多种方式实现交流互动。手机媒体信息传播的双向互动优势更加明显，正因为手机媒体便携性和私密性的特点，让受众敢于在网络中展现真实的自我，充分利用碎片化时间实现信息的共享和交流。这种互动性很好地改变着过去一贯为之的单方面的灌输式的教育方式，被教育主客体之间的有效互动所取代，从而营造出更融洽、和谐的思想政治教育氛围。

（三）智能手机媒体的现状及前景展望

5G 技术的日渐成熟，除了表现在手机媒体各种应用上的不断丰富更新外，安全性和规范性也逐渐加强。手机媒体涵盖了包括生活、社交、通信、影音、拍照、信息、理财、办公、安全等多项内容，这些内容几乎可以涵盖传统计算机的全部内容，并且更易操作。几乎每一位普通的手机用户都可以通过一部智能手机找到自己的兴趣点。随着 5G 通信技术的不断推广和成熟，人们使用手机关注的重点将由现在的网络传输速率转变为如何更有效地使用各种新型应用。

手机媒体的创新发展突破了互联网教育的局限性，人手一支手机让信息的传播更加精准，而且更富有针对性。运用手机媒体开展思想政治教育符合以人为本教育理念的根本要求，5G 移动通信环境为信息的广覆盖、个性化、垂直传递起到了搭桥铺路的重要作用。在 5G 移动通信的铺垫下，每个人都能从信息群中准确快速地搜索自己需要的信息，使用和携带移动终端更加方便，但是如何为人们提供大范围免费的无线网络，如何使各种终端设备更高效地协同合作，是 4G 移动通信技术将要解决的问题。5G 移动通信技术是对 4G 技术的补充发展，以提高无线通信的网络效率、通话质量和数据通信速度为目标。其开发的明确目标是：提高移动通信装置访问互联网的速度。相比较 4G 技术，从速度和质量上都略胜一筹，还能够克服数据传输过程中干扰性大的问题。在 5G 移动通信环境下，思想政治教育信息的传播将朝着速度更快、影响力更广、条件更稳定的方向发展，手机媒体将发挥越来越重要的思想政治教育作用。

## 二、思想政治教育载体及其类型

### （一）高校思想政治教育载体的含义及特点

在科学技术日新月异，国内外环境日渐复杂的环境下，大学生的思想多元性必须引起教育者的重视，必须密切关注学生发展，结合时代发展新背景，在传统思想政治教育的基础上，与时俱进，破冰前行，迎难而上，不断丰富载体形式。教育对象的特定性是高校思想政治教育的鲜明特点。活动的顺利开展，必须依靠一定的载体。高校思想政治教育载体指的是学校思想政治教育工作者（主体）在向思想政治教育受教育者（客体）进行思想政治教育的过程中，承载和传递思想政治教育内容和信息，能为思想政治教育主体所运用，且主客体可以借此相互作用的一种思想政治教育活动形式。作为高校思想政治教育载体必须同时具备两个方面的条件：

一是必须承载思想政治教育信息，能为思想政治教育主体所操作，其内容包括思想政治教育的目的、任务、原则和内容。载体作为一种中介工具，总要承载一定的内容和信息，并传递给思想政治教育客体，同时能被实践主体操作，高校思想政治教育的载体也不例外。形形色色的载体都能承载一定的教育信息，但是不能被主体控制和操作的不能称其为思想政治教育载体。

二是必须联系主体和客体，主客体可以借此形式发生相互作用的活动形式。在这个过程中，相关信息有效传递。由此可见，教育过程是主客体都在发挥作用，而不是主体或客体单方面的活动过程。一个完整的思想政治教育过程，教育主体和教育客体都是不可或缺的。

总之，必须具备以上两个基本条件，才能被称作高校思想政治教育载体，也只有对此加以有效地利用，才能更好地开展高校思想政治教育，在日新月异的网络通信技术变化下，切实把准大学生脉搏，对症下药。

### （二）高校思想政治教育载体的本质特征

特征是一事物区别于他事物的显著标志。从不同理论角度定义，高校思想政治教育载体会呈现不同的表征。本书是从其内涵上着手的。第一，活动性。活动性决定了高校思想政治教育载体的特殊性。载体的设置和作用发挥的前提条件依赖于教育者和受教育者的直接参与，离开了受教育者的参与活动，载体就失去了存在的价值。第二，承载性。承载性是指思想政治教育载体承载着信息，如教育目标、教育内容、教育原则、教育任务等。抽象的思想观点、政治观念和道德规范不会被人们主动地接受、内化，人们不会主动地接受那些抽象的思想观点，并乐于将其内化为自己的思想，外化为自己的行动，没有有效的思想政治教育载体，承载、分解、具象这些抽象教育内容，是很难达到教育目标和教育要求的。唯有通过有效载体承载具体化、形象化、生动化的内容，这些抽象的信息才能对客体产生影响，各种信息之间才会实现互动交流。第三，传导性。高校开展思想政治教育的目的是将社会所要求的思想观点、政治观念和道德要求传导给学生，要求学生内化为自我意识，并以此指导自己的行为。承载性只是为了更好地实现目的的手段。第四，关联性。思想政治教育载体的缺位，会导致教育主客体之间无法有效联系，当教育客体需要教育主体的引导、帮助时，会因为缺乏有效的载体而无所适从，缺乏有效的沟通交流，信息就不能很好地传递，那么思想政治教育载体的传导性也就无用武之地。第五，互动性。在相互作用的过程中，主体需要借用一定的载体作用于客体，客体也通过一定的载体作用于主体，正是因为二者之间有了载体这个实践活动形式，主体和客体才能真正形成一种双向互动关系。只有在主客体相互关联的基础上，互动性才能成为可能。第六，可操作性。如何有效地运用思想政治教育载体，教育主体依然是关键。虽然移动互联网的发展和大学生自主意识的提高导致学生主观能动性越来越强，但这并不意味着教育主体主导地位的丧失。

### 三、高校思想政治教育智能手机载体的内涵界定

智能手机媒体是承载、传递高校思想政治教育的有效载体，是大众媒介载体中传播速度最快、蕴含信息最丰富、互动性最强的新媒介。高校思想政治教育智能手机载体的指向性十分明确，本书对其含义的界定是：在高等教育领域内，针对在校大学生的认知特点和心理变化，依托新兴智能手机媒体，承载、传递思想政治教育的内容和信息，用正向、丰富、积极的手机媒体信息引导大学生的思想观点、政治观念，在此过程中，教育者和受教育者能够实现双向互动，并且能为教育者所操作的一种思想政治教育活动形式。手机

媒体具备了成为思想政治教育载体的必备条件。

第一，能够承载和传导思想政治教育信息。纵观媒体发展史，手机比任何一种媒体都具备兼容性、整合性和互动性，比任何一种媒体都能拉近人与人之间的距离，比任何一种媒体都能提升用户的自主性。手机媒体除了具备新兴媒体互动性、及时性外，还兼具便携性、强制接受性、多媒体性、覆盖范围广等特点。手机媒体作为一种媒介载体，必然承载着丰富的信息内容。思想政治教育载体具有工具性和中介性，但是最重要的一点是，思想政治教育载体具有很强的目的性。具体的表现形式是，思想政治教育载体的设置与应用就是为了提高思想政治教育工作的效果服务的。通过交互工具宣传、短信传播、手机报发送、主流视频播放等手段可以有效地将思想政治教育信息和最新的指导性文件传导给学生，用生动鲜明的漫画、动画、音视频文件激发学生兴趣。

第二，能够为思想政治教育主体所操作。手机的普及，突破了网络思想政治教育对复杂计算机设备操作的局限，降低了工作人员对技术的要求，虽然手机媒体的功能日新月异，但一些简易的软件能够被教育主体很好地运用。事实上，现在很多学校教师都注册了校内网、微博客，活络一些的学生会主动关注教师，教师发表的言论、对时事的见解、转载的文章都会对学生起到一种潜移默化的作用，无形中就实现了思想政治教育主体的愿望、目的和认识，另外又能将健康向上的信息传递给教育客体。

第三，必须是联系主客体的一种物质形式，主客体可以借此形式发生相互作用。手机媒体的特点之一就是交互性，彼此互相沟通，拉近人与人之间的距离。从此种意义上说，手机媒体是天然的联系主客体的一种物质形式，主客体之间地位的平等、话语沟通的随意性都能够较好地实现彼此之间的互动。将手机媒体作为高校思想政治教育载体并不是在信息时代赶时髦，而是因为智能手机媒体确实具备了成为思想政治教育的基本要素。

## 第二节 智能手机媒体作为思想政治教育载体的必要性及可行性

### 一、智能手机媒体对大学生的影响

#### （一）智能手机媒体对大学生的积极影响

第一，智能手机媒体扩展了大学生思想进步的空间。各种即时交互的交流软件备受学生青睐，使用比例也比较高。显然，在信息横流的时代，智能手机媒体对学生的相互交流起到了纽带作用。大学生通过手机网络搜索自己关注的内容，如当前热点问题、思想政治理论课案例等，同时这些浏览数据将同步存储。相对传统的书籍、电视、广播等媒体，手机媒体使学生获取信息的速度、效率及质量都有很大的提升，这些改变不仅有助于学生视野的扩宽，意见的互相交流也有助于培养学生爱国主义情怀和忧民之苦的意识，引导正确价值观的形成。

第二，智能手机媒体扩宽了大学生自主发展的平台。手机游戏、手机应用、手机视频的盛行，在为运营商带来经济利益、为学生带来欢乐的同时，也激发了部分学生的创新思维。开发一些小型的手机单机游戏、拍摄一些搞笑视频、改编一些网络流行歌曲对学生创新思维能力的提高都有很大的帮助。海量的信息扩散和不同文化观念的交流碰撞让大学生的生存空间越大又越小，他们在期望获得更多人理解和认可的同时，也在努力展示自我，凸显自己的个性。以智能手机媒体为平台，拓展交往范围，为自我发展提供了便利，智能手机媒体让受众自主创新性得到空前增强，美化生活、推崇个性成为共识。

#### （二）智能手机媒体对大学生的消极影响

第一，智能手机媒体导致部分大学生认知出现偏差。手机媒体传播的信息包括各种服务信息、诈骗信息、谣言类信息，这些信息的快节奏传播、多层次交叉传递，在不同程度上影响着大学生的思想和行为。网络语境中的“去中心化”，客观上消解了主流意识形态的渗透，大学生缺乏明确的价值指引，容易滋生对主流文化的反叛态度，转向迷惑性较强的舆论氛围中。网络“公知”

们的口舌之战，使网络信息更加扑朔迷离，容易导致部分大学生在认知上产生偏差。手机媒体是大学生获取信息的主渠道，如果打开网页搜索到的头条新闻总是真假难辨、负面的、虚假的信息，那么对大学生正确价值观的形成将造成很大的阻碍。同辈群体之间的影响往往更具渗透力和广泛性。身边同学用某一款智能手机，容易刺激周围同学的嫉妒心和购买欲。同时电视节目中大量植入的软广告，也刺激了学生的消费心理。

第二，智能手机媒体导致部分大学生情感形成脱节。大学生在享受手机上网带来便捷、娱乐的同时，也因他们过分依赖手机媒体，成为手机的“奴隶”，成为手机网络的“受害者”。大学生对新鲜事物的接受程度往往较快，紧跟时尚潮流。但是问题也随之而来，热衷于手机上网的青年学生，表现出对手机的过分依赖，对现实生活失去兴趣。智能手机的过度使用，容易让大学生沉溺于手机虚拟世界中无法自拔，就如患上了网瘾一般，忽视了现实中的人际交往和真实的情感需要。课上课下“机不离身”，醒着、睡着都在玩手机，导致学习成绩下降，生物钟颠倒，现实人际关系淡化，情感冷漠和萎缩，一切注意力都聚集在小小的手机媒体上，关注手机另一端的“陌生人”，而忽视了周围的朋友。

第三，智能手机媒体导致部分大学生出现行为失范。大学生时期是青少年的“第二心理断乳期”，他们承受着各方面的压力，情绪起伏波动很大。除了学业压力之外，还受到工作压力、人际压力、情感压力等多方面的困扰。手机媒体可携带性、互动交流性、娱乐性等独特的特点恰好迎合了大学生的心理需求，自然而然地成为他们逃避现实、排遣寂寞、纾解压力的“小贴士”。

## 二、智能手机媒体作为思想政治教育载体的必要性

### （一）党和国家关于运用新媒体开展思想政治教育的要求

随着计算机的普及、互联网的高速发展，为适应新形势、新任务的要求，确保大学生的健康成长，高校思想政治教育必须占领舆论宣传制高点。

新形势下，新闻宣传工作要利用好新兴媒体，引导当代大学生的思想动态，充分认识以互联网为代表的新兴媒体的社会影响力，高度重视互联网的建设、运用、管理，努力使互联网成为传播社会主义先进文化的前沿阵地、

提供公共文化服务的有效平台、促进人们精神生活健康发展的广阔空间。

中央领导人多次强调要高度重视网络，尤其新媒体的宣传作用，要借助这些平台加强思想政治教育和先进文化的传播教育。移动通信技术的发展和商用，使高校思想政治教育的育人环境发生了变化，对高校思想政治教育传统的教育方式提出了新的要求，载体创新迫在眉睫。

（二）思想政治教育载体与时俱进的体现与要求

智能手机媒体与大学生的生活息息相关。手机网络已经发展为5G技术，操作更方便，功能更强大，上网速度更快捷。几乎每个学生都拥有一部智能手机，每个人的生活都离不开手机，甚至依赖着手机。选择科学高效的思想政治教育载体是保障大学生健康成长的重要条件。

一方面，手机媒体已经成为大学生必不可少的生活用品。互联网的出现“真正对社会发生影响作用的是其带来的人与人之间的信息传播与互动方式的变革”，互联网是推动智能手机媒体发展的技术支撑，学生获取信息的主要方式已经由纸媒过渡到手机网络，手机媒体已经成为信息集散地和民意聚集地，不仅对学生的价值观念、知识储备、技能训练、性格培养、人际互动有着不可忽视的影响，同时也对高校思想政治教育的发展有着不可估量的作用。高校要重视智能手机媒体的建设、使用、管理、监督，努力使手机媒体为传播先进文化、深入社会主义核心价值观、实现中国梦搭建有效的平台，为高校思想政治教育理顺新思路、扩展新空间、创新新方式提供新的宣传阵地，为当代大学生学习马克思主义、毛泽东思想、中国特色社会主义理论体系的纵深推进创造条件。

（三）思想政治教育占领传播阵地和引领舆论环境的要求

其一，占领传播阵地的要求。牢牢掌握意识形态工作领导权、管理权和话语权，是巩固马克思主义在意识形态领域的指导地位、巩固全党全国人民团结奋斗的共同思想基础的坚强保障。意识形态领域历来是敌人同我们争夺的主要阵地，尤其对青少年更是如此。计算机在给人们的生活、工作带来便捷的同时，也将西方的价值观念漂洋过海植入了中国，西方的价值观念、生活方式、消费方式和“欧美中心主义”深刻影响着我国的马克思主义意识形态。

值得肯定的是，当代大学生在祖国尊严、国家利益和民族团结这类大是大非的问题上表现出极高的爱国主义倾向和高度的社会责任感。在汶川地震、雅安地震发生后，广大高校学生自发组织捐款、捐物、献血、做志愿者，为灾区人民贡献自己的绵薄之力。智能手机媒体是高速兴起的新兴媒体，在学生中的占有率几乎为100%，影响不容忽视。手机媒体的众多领域充斥着西方的价值观念和思想意识，相比较之下，马克思主义的发展就显得十分滞后。手机领域中马克思主义意识形态的缺位，就急需马克思主义占领手机传媒领域的阵地，建设社会主义核心价值观的手机信息传播阵地，用主流的声音和向上的精神文化抢占手机网络传播阵地。用社会主义核心价值理论体系和中国梦指导高校思想政治教育理论和网络平台的构建，让马克思主义在手机媒体领域“实心”而不是“真空”，不断满足大学生多样化、多层次的精神需求，坚持走社会主义道路，树立中国特色社会主义意识形态，坚定不移地拥护我党的领导。

其二，占领舆论环境的要求。“舆论工作就是思想政治工作，是党和国家的命运所系。”大学生容易被西方宣扬的所谓的“自由”“民主”的价值观影响，滋生享乐主义、拜金主义和极端个人主义，导致对西方政体的盲目崇拜和对西方意识形态的向往，淡化了社会主义政治意识形态，道德意识形态也渐趋下滑，最终抛弃崇高的共产主义理想和社会主义信念。网络中发布的各种假信息和失真新闻为网络谣言滋生了温床，假消息会严重损坏媒体的权威性，甚至会危害安定有序的社会秩序，不利于营造良好的社会舆论氛围。负向的传媒信息长期干扰着大学生的价值判断，“噪声”的游离使其兴奋点和注意力都被“杂、乱、怪、奇”的信息吸引，许多网络中“漂浮”的信息还未经学生的理性分析就转化为潜在意识。少数意见领袖，即所谓的公知们有意影响和操纵舆论信息，以牟取自身利益。互联网革新了一直以来的以灌输为主的教育方式，网民是舆情的主体，表达思想的方式更直接、真实、流畅。不可否认的是，网民因其个人素质高低不同，舆情表达也存在差异。包括因网络虚拟化而忽视法律制约和道德规范的手机网民，因现实生活压力而恣意发表言论和散布谣言的手机网民，各种信息鱼龙混杂，言论应有尽有，有些网络言论不堪入耳，对文字的亵渎，对文明的曲解更是不堪入目，污染了网络环境，影响高校校园，大学生是直接受害者。

## 第三节 高校思想政治教育智能手机载体建设存在的问题

智能手机媒体丰富了人们的生活，为高校思想政治教育手机载体的建设提供了前所未有的机遇，也给高校思想政治教育工作带来了严峻的挑战。只有认真分析智能手机媒体背景下高校思想政治教育遇到的一系列困难和难题，抓住主要矛盾，提出有针对性的具体措施，才能更好地发挥智能手机媒体在高校思想政治教育中的作用。

### 一、对思想政治教育智能手机载体的认识和研究不到位

#### （一）高校思想政治教育智能手机载体建设尚处于初步阶段

第五媒体兴起之后，越来越多的学生将宝贵的黄金时间投入媒介使用中，媒介也不负众望，以其诱人的产品刺激着学生们的视觉和听觉，使学生们在消遣、娱乐甚至平庸之中度过了人生最美好的青春年华。

幸运的是，高校思想政治教育工作者已经认识到网络对大学生思想政治教育的影响，也在校园网络中加强了对信息的筛选、管理和引导，强化了校园网络使用规则。但是不可否认的是思想政治工作的开展滞后于信息网络的发展，对智能手机媒体这一新兴媒体偏重于对负面影响的监控、处理和防范，对是否能够主动利用智能手机媒体开展思想政治教育还存在疑问。少了那根网线，意味着释放了对人们的束缚。教育工作者显然低估了智能手机媒体对大学生的影响，对高校思想政治教育的影响。在日常工作中，没有投入足够的时间和精力来挖掘手机媒体的思想政治教育功能。手机不再局限于沟通联络，更是人们对自由的极大追求。以智能手机媒体为基础构建新的高校思想政治教育载体来支持和引导高校思想政治教育快速发展是目前高校发展的重要任务，也是一项系统且长远的工作，做得好，其成果将惠及更多学生，让更多学生从中受益，健康成长。而现实的境况却是高校教育者并未将手机媒体作为一个全新的载体来看待，部分党员、领导干部对将手机媒体运用到高

校思想政治的建设中并不热衷，更不重视，对大学生思想政治教育载体的认识还停留在初级阶段，导致手机媒体作为高校思想政治教育载体的建设和发展困难重重。对学生在网络中的言论，教育工作者关注度不高，警惕性不强，没有形成有效的双向互动机制，手机媒体也没有发挥真正的作用。之所以构建思想政治教育手机载体，就是希望教育工作者能够及时了解学生的最新动态，对学生有长期性和系统性的网络跟踪和信息反馈。高校手机媒体的建设以“堵”“防”为主，这无疑是把手机媒体及其信息当作洪水猛兽。这不仅不利于手机载体的建设，也不利于实现主客体双向互动。

### （二）高校对思想政治教育智能手机载体的理论研究滞后

高校思想政治教育载体是日常思想政治教育活动发挥作用的重要中介工具，通过载体的信息传输，教育者和受教者都会在相对最短的时间范围内获得真实可靠的信息。但目前情况是，高校手机载体的建设仍然处于发展阶段。教育工作者对手机应用程序的使用和在公共主页中言论的发表都能直接或间接地影响思想政治教育的最终效果。就目前情况而言，高校已经利用手机网络积极开展思想政治教育，传播社会正能量。但在实际操作过程中，变化总是如期而至。对手机平台认识的不深入导致手机媒体单纯成为传播信息的工具，手机媒体只是“官方”语言发布的途径，没有真正发挥出手机媒体应有的作用。教育工作者利用手机媒体并不能全面掌握真实信息，对信息提取、加工和整合的效率低。只有克服对手机媒体不重视的意识，手机媒体利用率相对较低，实际解决问题能力较弱的问题，才能不断优化传统思想政治教育方式，强化教育效果。

## 二、对思想政治教育智能手机载体的开发和运用不到位

### （一）利用智能手机媒体开展思想政治教育涉及多方主体参与

智能手机媒体在高校发挥教育作用，不是顺其自然、一蹴而就的事情，这其中离不开运营商的技术服务支持和学生的情感互动配合。一方面，高校致力于开发运用智能手机媒体的某些功能和利用某些传播方式以实现思想政治教育的目的，但仅仅依靠学校的单方面热情是难以实现的，这就需要移动通信运营商的技术支撑和服务支持。校园中无线网络全覆盖是基础，适合学

生不同需求的移动数据优惠套餐是保障，高校基于校方目的与运营商合作，开发有针对性的信息服务和App软件是关键。以手机报、手机短信等方式，定期向学生发送有关学习、就业、心理、娱乐、体育、社会热点等相关信息，不仅符合当代大学生浅阅读的阅读习惯，也在一定程度上满足了学生对信息的渴求。但在实际操作过程中，运营商发送的信息内容是否规范，是否契合学生的关注点，是否对学生有积极的帮助效用，都需要长时间的实践才能得以验证。这又势必牵扯到校方资金的投入和相关专业队伍的建设。

另一方面，大学生是信息的接收者，对此类信息服务活动最具有发言权。运营商有针对性地发送信息，牵涉到学生的隐私问题，必然要征得学生的同意，签订相关的服务条款。运营商是以获取利益为目的，此类业务有些还要收取不定额的服务费用，即便服务信息零资费，在很多情况下，学生也并不情愿绑定相关定制服务或此类附加值业务。同时存在另一种情况，学生定制了此类信息，但出于对相关信息的抵触和厌烦，会自动屏蔽掉信息的提示，或者接收之后搁置不看。这就违背了学校开发此类手机平台的初衷，思想政治教育的目的也不能通过智能手机媒体有效实现。

（二）利用智能手机媒体开展思想政治教育活动的形式单一

我国的思想政治工作历史悠久，在长期的变化发展中，思想政治教育的工作手段也在不断丰富和创新。高校对学生进行思想政治教育理论的教学管理和日常思想政治方面的管理不再单纯依靠报纸、广播、书刊、电视、政府公文这种单一的宣传方式。互联网的发展普及，拉近了受众与信息源的距离，尤其是互联网在校园的普及，在很大程度上冲击了传统思想政治教育的方式。随着移动通信技术加入校园网，人手一部手机，便可获取天下新闻，可谓是足不出户知天下，进一步丰富了高校思想政治教育的教育方式。在手机媒体还未像今天一般快速发展的时期，思想政治教育的及时性和受众性很受限制，即便是互联网发展之后，也有很多学生不能及时获取信息，老师也不能及时了解学生情况，毕竟不可能每一个人都坐在计算机屏幕前一动不动。

尽管获取思想政治教育信息的渠道逐渐增多，但并不代表思想政治教育者就能够有效地运用这些形式多样的教育方式。新媒体的发展，要求高校思想政治教育的开展必须适应新兴技术的要求，必须创新新的教育载体来适应。手机媒体的普及，让手机短信、手机彩信、手机报、手机 QQ 等沟通方式成为高校思想政治教育信息传播的有效载体。随着移动通信技术的成熟和手机媒体的大跨越、大发展，运用手机媒体开展思想政治教育活动却依旧停留在初始阶段，依旧徘徊于手机短信、手机 QQ 这些传统的活动形式。手机微博客、手机新闻客户端、手机社交 App、手机音视频，甚至是手机游戏都可以成为现代思想政治教育活动开展的有效形式，都能够承载丰富多样的教育内容。而这些贴近大学生的沟通交流方式还多见于理论探究，未能将思想政治教育信息巧妙地覆盖于这些交流互动的形式之中，理论工作向实践活动的转型发展仍需要多方面地共同努力才能实现。

（三）利用智能手机媒体开展思想政治教育活动的效果不理想

智能手机媒体是高校思想政治教育有效开展的重要途径，是思想政治教育工作者必须掌握的现代交互工具。目前，智能手机媒体作为高校思想政治教育活动有效载体未能引起高校普遍重视，只有个别学校构建了系统的活动载体，在相关教育信息和教育信息的传播中，重形式、轻内容，依然沿袭传统的思想政治教育方式，利用智能手机媒体开展的思想政治教育活动效果不甚理想。

第一，利用智能手机媒体开展思想政治教育，传递思想政治教育信息，信息内容不能停留在艰涩、古奥的专业理论中不能自拔，要以大学生喜闻乐见、朗朗上口的语言形式表达出来，但目前手机媒体传递的信息以娱乐活动和热点事件居多，思想政治教育工作者未能很好地找到专业理论和手机媒体的契合点。第二，手机媒体传递的信息多是官方语言，内容枯燥，未能迎合大学生的主流意识，不能吸引受教者关注，利用智能手机媒体开展思想政治教育活动的效果也大打折扣。第三，智能手机媒体开展思想政治教育活动流于形式。很多情况下，教育者只是配以鲜活的图片和效果极佳的视频，以期能够吸引学生的注意力，但实际的效果却往往适得其反。学生们只是走马观花地享受了一场视听觉“盛宴”，至于学到了什么，说不清楚，因为注意力全都聚焦在了动感的效果图上。第四，手机媒体信息源众多，受教育者接收到的信息却有限。教育工作者利用手机媒体在网络上发布的官方观点，一方面容易被以秒刷新的众多信息源覆盖；另一方面常会被受教育者主动屏蔽或者加入黑名单。另外，利用智能手机媒体开展思想政治教育活动，针对性未能体现出来。手机网络中复杂的信息源往往具有隐蔽性，很难为教育工作者一一发现，也就无法有针对性地帮助学生解决问题。

## 三、对思想政治教育智能手机载体的投入和队伍建设不到位

### （一）物资和人力投入不足

任何一项活动的开展都离不开必备的资金支持、设备投入和人才建设，这样才能保持一项活动的顺利开展和正常运行。高校思想政治教育智能手机载体的建设也是如此，校方对智能手机媒体的重视程度直接决定着手机载体物质基础的建设。目前高校思想政治教育手机载体遇到的一个“瓶颈”便是资金、设备、人力等基础物质投入的不足。一是手机媒体的建设需要依托传统互联网技术，资金投入不足，不利于以手机为中介的网站的开发、维护和对手机应用的开发。构建思想政治教育手机载体平台，需要与移动通信公司加强交流与合作，需要必备的WAP服务器发射信号，需要移动通信公司在全校安装移动通信终端，尤其4G、5G网络商用之后，需要在校园内普及无线网络，这更需要校方大力度的资金支持。二是要提高教育工作者的信息技术水平，需要专门信息网络相关人员，需要定期对教育者进行培训，与移动通信公司形成长期合作意向，通过合作学习，培养相关专业人才。利用智能手机媒体开展思想政治教育，必然会产生相关的通信费用，教育工作者需要投入大量的工作和休闲时间，付出双倍甚至是多倍的精力来维护思想政治教育手机载体的运行。就目前高校对手机媒体的重视程度来看，很多大学校园并非无线信号全校覆盖，没有足够的教育工作者从事这项工作，也没有足够的时间和精力过分关注手机媒体思想政治教育作用的发挥，这在很大程度上制约了智能手机载体的建设。

### （二）部分教育工作者媒介素养较低

思想政治教育活动的开展，学生是对象，教师起着引导的作用。通过手机网络这一中介，信息从彼岸到达此岸，存在学生中早已传开的信息而教育

工作者还未及时关注的现象。教师对信息的接收、理解，自身思想、行为产生的变化直接或间接地影响着学生。长期以来，略显呆板的、宣传色彩浓厚的教化模式，让教育工作者对媒介传递的信息思想防御性明显降低。善于接受，却穷于思考。批判思维是教育者接收信息之后的首要任务，也是教育工作者必备的媒介素养。不能忽视部分自身理论素质低、媒介素养低的教育工作者对敏感话题的忽略，从而错过良好的思想政治教育时机，甚至引发重大问题的出现。如果教育工作者的媒介素养水平滞后于大众传播实践的发展，那么受众很可能对传媒信息产生某种误解和误判，以致造成严重的后果，给学生带来负面的影响，起到负面的教育作用。不可否认的是，如今高校的专职辅导员多是高学历的研究生，专业理论素养高，理想信念坚定，但缺乏相应的工作经验，媒介素养相对缺乏。面对瞬息万变的社会，纷繁复杂的信息传播，教育工作者除了必须具备过硬的思想政治素质和心理辅导技巧外，还需要针对各种复杂的学生问题，切实提出解决问题的方案和对策，及时为学生排忧解难。

## 第四节 加强高校思想政治教育智能手机载体建设的对策

### 一、强化思想政治教育智能手机载体的教育理念

#### （一）以人为本的教育理念

思想政治工作说到底是做人的工作，必须坚持以人为本，既要坚持教育人、引导人、鼓舞人、鞭策人，又要做到尊重人、理解人、关心人、帮助人。高校思想政治教育工作首先必须贯穿以人为本的教育理念，这不仅是坚持以人为本的教育宗旨，同时也是与时俱进的时代诉求。尤其在手机网络高速发展的环境中，运用智能手机媒体开展思想政治教育的过程中确立以人为本的教育理念，就是强调高校思想政治教育在新环境中必须牢固树立以大学生为主体的教育理念，真正做到言传身教，以身作则，无私奉献，以增强学生的积极主动性，提高他们的自我教育能力为目的，不断丰富和创新教育内容、形式、方法、手段。

人的根本属性是社会实践性，只有社会实践才能使人的认识开始发生。人具有自然和社会双重属性，但社会属性决定了人的本质。学生的健康发展，受自身生理、心理和智力条件的限制，外部环境对学生的塑造至关重要。学生在外部环境的影响中，并不是被动接受，而是发挥主观能动性的成长过程。教育者对受教育者的关心、爱护，为他们提供的温馨良好的成长条件，有利于学生的健康发展。

以人为本的教育理念，首先是人文关怀。思想政治教育坚持以人为本，就是要尊重受教育者，尊重受教育者生存、发展、享受和被尊重的权利。手机网络的普及，教育观念不再局限于课本中的条条框框，教育形式不再拘泥于课堂，四通八达的网络把教育观念、内容无形中渗透到学生的思想中，教育者关注的重点，从课堂延伸到课外，从课外扩展到网络。受教育者可以随时提出见解，针对某一话题，主、客双方可以各自发声，平等发表言论。通过自由对话，教育者可以了解受教育者的思想动态，给予受教育者支持和引导，让受教育者充分感受到被尊重、被重视、被关注。只有受教育者感兴趣的内容，才有利于思想政治教育活动的开展，才能更好地贯彻以人为本的教育理念。手机网络的发展，各种交互式工具的盛行，为教育者提供了便利。只有以受教育者的客观要求作为衡量尺度对思想政治教育内容和形式进行科学规划，才能最大程度地发挥手机媒介的功效。

（二）开放多样化的教育理念

网络文明倡导民主、平等、开放、自由的精神映射到当前的大学生思想政治教育，显得十分迫切。网络是一个不同于以往单一传播方式的立体式的传播载体，信息覆盖范围更大，传统点线的教育格局已经不能适应当今学生学习的需求，必须以一种全新的立体式的网格化的教育模式取而代之。科学的开放性的教育理念除了表现在教育目标、教育内容、教育观念、教育方式和教育过程的开放，更表现为教育要以开放的观念和心态为学生营造宽松、民主、和谐的学习环境，引领学生在学习中探索，在开放的信息世界中获取有益于自身发展的信息。

智能手机媒体庞大的用户基数，奠定了智能手机媒体成为思想政治教育载体的可能性。用马列主义、毛泽东思想和中国特色社会主义理论体系来武装青年学生的头脑，用社会主义核心价值体系引领青年学生思想导向。不仅要开发好“有字之书”，更要注重生活实践中的“无字之书”。信息技术高速发达的时代，让高校思想政治工作迎来了“春天”，但要警惕“春天的过敏性现状”，特别是教育理念的继承与发展。不能因为有危险就不去接受，也不能因为害怕改变就不去改变。思想政治教育理论内容本身多是乏味的、枯燥的。开放的教育理念引导教育工作者积极探索适合大学生思想政治教育的多种方式，吸收各种先进的教育方式和教育内容，借助手机媒体，将一切经典的、时代的、民族的、世界的、现实的、虚拟的资源用于教育活动，激活教育实践。利用手机网络吸收世界上优秀的教育思想和教育方式为我所用，不断促进大学生自我发展的能力，增强未来的社会竞争力。在教育上抢到的机遇是最大的机遇，赢得的发展是最具价值的发展，产生的失误也会是最根本的失误。全球一体化的趋势愈演愈烈，世界各国之间的关系更加密切，在政治、经济、文化等多方面的交流合作越发朝着深层次、宽领域方向发展，与此同时，人们思想愈加多样化，自我意识也愈加深化。青年学生尤其如此，智能手机媒体多样化的特点，决定了学生接收信息的内容多样化，形式多样化，影响也必然多样化。智能手机媒体本身就具有多样性的特点，思想政治教育的形式、方法、手段，也要重视教育工作者教育理念顺应时代的更新发展，树立超越这一时期教育要求的教育理念。社会是一个急速发展的社会，社会对人才的需求也是日新月异，人的发展对教育的提质也是时不我待，固化的、封闭的人才培养模式已经无法满足多样化的人才需求，搭建终身学习的“立交桥”，满足人们多样化、持续性的发展需求是大势所趋。

多样性教育理念需要教育工作者转变教育观念，“以分论好坏”的评价标准已经不能对学生做出客观公正的评价，不利于学生未来的人生规划。智能手机媒体的广泛应用，让更多的孩子在网络世界中大放异彩，教育工作者应该及时看到这一点。不拘泥于分数，让更多的教育工作者能够充分挖掘学生的潜力，对学生的思想政治教育工作也不局限于某一种刻板的形式，按照学生各异的成长轨迹和人生规划，为学生量体裁衣，制定针对性强、实效性强的“个人终极培养方案”，让每一位学生都能充分发光发亮。

（三）个性发展的教育理念

依据马克思主义唯物史观的原理，个人价值和社会价值并存不悖。个人价值是社会价值的前提，社会价值是个人价值的延续，二者相互依存。古老的中国文化和传统观念是思想政治教育一直注重对学生的社会价值的教育，而忽视个人价值的重要性。个体自由发展的重要性，一直被教育忽视，在一定程度上陷入了“中国式教育”的困境。

马克思主义认为“每个人的自由发展是一切人的自由发展的条件”。因为“全部人类历史的第一个前提无疑是有生命的个人的存在”“人们的社会历史始终是他们的个体发展的历史，而不管他们是否意识到这以点”。手机媒体最大的特点就在于手机的便携性和私密性，手机媒体的普及让媒体的接受群从分众成为个众，每个学生都是个性鲜明的个体。在高校思想政治教育过程中坚持个性化的教育理念，是对学生负责，也是当今时代对人才的渴望。个性培养有着哲学上的基础和意义，世界上没有完全相同的两片叶子，自然不会存在两个个性完全相同的学生，思想政治工作者必须用不同的教育方式和教育手段区别对待每一个学生。个性化的教育观念，强调必须承认每个学生存在的差异，要与时俱进，更要因人而异，因材施教。以智能手机媒体的构建为契机，针对个性不同、兴趣爱好不同、条件不同的教育对象，有针对性地、引导性地开展思想政治教育活动，让思想政治教育活动成为契合学生心灵需要的个性辅导，促进每一位教育对象的个性化发展。

## 二、优化思想政治教育智能手机媒体的教育资源

（一）利用“手机短信”开展思想政治教育

第一，搭建手机短信平台，及时获取反馈信息。通过手机短信及时、准确地发布各类活动通知、讲坛讲座、就业指导信息和其他教育者希望受教育者能够获悉的信息。以较为权威的方式发布信息，确保了学生的知情权，维护了学生参与校园管理的权利。手机短信较于其他交互手段而言，更容易被受教育者信服，更具有可信度和真实性，最重要的是可以确保每一位学生都能够收到信息，不论学生对信息的认可程度如何，总是能够保证信息的准确

性和可获知性。思想教育工作者可以要求学生通过手机短信及时上报自己的最新动态，获取学生的最新信息，将手机短信作为全面了解学生的重要工具。因此，这就要求教育工作者要随时监控线上线下学生的表现，掌握学生思想动态，保证思想政治教育取得切实成效。

第二，构建健康温情的信息氛围。手机媒体是一个封闭的空间，存在学生个人价值观和自我认知上偏差的隐患。短信为学生生活带来了便利，但“黄色信息”“诈骗信息”“骚扰短信”屡禁不止。手机短信作为信息传播的渠道，依然难以改变泥沙俱下的传播性质。这种状况持续发展，会影响学生的心理健康，干扰学生的正常生活。思想教育工作者就需要对手机短信的复杂状况进行有效的管理，引导学生向积极的方向发展。手机短信除了受众覆盖面广之外，还具有一定的心理优势。教育工作者需要利用这一特性，让学生充分感受到教育工作者对自己的人文关怀。利用手机短信“人—机—人”的互动模式，学生更容易通过文字表达真实的内心状态。总体而言，高校学生群体呈现积极健康的发展态势，一条关心的信息，一句简单的问候，不需要长篇累牍，只需要只言片语就能够俘获大批学生感恩的心，达到预想不到的教育效果。

第三，抢占思想政治教育手机短信的宣传阵地。思想教育工作者要巧妙利用手机短信发布权威信息，通过课内课外的宣传教育，提高学生筛选、辨别信息的素养，坚决不制造、不传播有害信息。手机短信普及之后，移动通信从“耳朵时代”逐渐过渡为“眼睛时代”，手机短信不仅是信息的简单传递，也是信息的集散地，其实质是中国文化模块的缩影，尤其“红段子”紧跟时代的步伐，将移动通信技术和网络技术合二为一，提高了手机短信的互动性，激发了学生的兴奋点，契合了手机短信与社会热点的结合。“段子”是一种文化现象，是传承和创新中国语言文化之有效方式。高校思想政治教育工作者要善于利用这种短信互动模式，全面表现“红段子”生动活泼、幽默搞笑、底蕴深厚的特点，满足高校学生“渴望高尚”“追求高尚”善性的需要，帮助学生走出思想困境，获得道德上的解脱，坚定社会主义理想信念，用健康向上的手机短信抢占思想政治教育手机短信的宣传阵地。

（二）利用“手机微博”丰富思想政治教育内容

第一，主动建立“关注”，重视大学生的个性发展。随着大学生的成长进步，他们的思想日趋成熟，意见表达和个性彰显的意愿日益强烈。在现代化社会中，大学生的含金量不断缩水，大学生面临着毕业就失业的困境，就业难、高房价、压力大压迫着大学生的个性发展。面对现实，很多大学生不敢放手追逐自己的梦想，压抑的心理容易产生扭曲的个性。手机微博的发展恰逢大学生的需要，思想政治教育工作者需要在整体微博群中主动寻找自己的学生，主动建立本校的微博，吸引更多学生关注。指导学生班级建立自己班级的微博，提升班集体的凝聚力和号召力。释放学生内心，重视其在个人价值上的突破和发展，不再强调整齐划一，得到完全相同的学生反映。“微”发展使高校思想政治教育对学生的影响更加深刻，为每一位参与其中的大学生提供了无数的机会，包括学习、就业、创业、心理和生活多方面的机会。要尊重每一位学生的话语权，关注学生的意见表达和思想动态。

第二，享受手机微博的过程，满足大学生的情感需要。利用手机微博开展思想政治教育成效的好坏，关键在于教育工作者是否享受运用手机微博开展思想政治教育的这个过程。思想政治教育中的个体价值包括享受价值，享受价值体现在教育工作者在实际的教学活动中，学生的要求得以满足，学生的专业知识得以扩充、文化素养得以提高时获得的内心的满足感和自豪感。当代大学生的思想观念和思想情感不再局限于个人崇拜或者对某一信念的绝对服从。根据马斯洛的人的需求理论，大学生的情感需求既包括与物质相关的满足感和落魄感，也包括与精神相关的更高层的心理需求。手机微博的世界是一个心灵交流的空间，教育者与受教育者之间不受时间、空间、载体的限制，为大学生情感的充分表达和宣泄提供了广阔的平台，也为思想政治教育的开展营造了良好的教育氛围。

第三，利用手机微博对学生开展“深度辅导”。利用手机微博开展思想政治教育，必须加强对微博内容的“防、堵、疏”，在密切关注学生思想动态和行为举止的基础上，对学生开展有针对性的思想政治教育。就微博中出现的热点话题和突发事件，及时发布校方最新消息，用媒体的权威声音占领舆论的主阵地。利用微博短小精悍的文字，搭配精美动人的图片，还可以以视频的方式表达教育者自己的观点，而不是生硬、粗暴地堵住大学生的嘴，而是从心灵上拉近距离，以鞭辟入里的文字、深刻意蕴的内涵征服学生，让学生从心底信服，认同思想政治教育宣传的观点、内容，在改善师生关系的同时，也为思想政治教育工作创造了宽松的教育环境，在潜移默化中对学生实现心灵上的“深度辅导”。

### （三）利用“手机即时通信工具”随时传递思想政治教育信息

第一，利用手机 IM 即时交互工具随时随地与大学生沟通交流。大多数的学生都有每天登录 QQ、微信、微博等及时交互工具的习惯。思想政治教育工作者需要主动加入大学生群体，及时向学生发布信息，定期和学生进行沟通交流。基于虚拟的网络空间中，QQ、微信依托手机媒体携带方便的特性，实现了沟通零障碍。手机 QQ 的沟通方式契合了大学生和外界交流的内心渴望，满足了大学生因闭塞空间无法释放自我情感的空缺。微信以语音通话为特色，发送给对方的信息不再是冷冰冰的文字符号，而是带有情绪体验的语音文件，让对方可以充分揣摩到自己的内心情绪波动，可以尽情地释放自己，向教育工作者表白自己的内心需求和心理困惑。教育工作者可以通过 QQ、微信等通信软件向学生提前发布讲座、就业、服务等各种服务信息，让学生提前做好准备。

第二，共建虚拟群体，注重意见领袖的作用。虚拟群体是网络空间中不同人群的集合体，依托手机媒体，成员之间互动的频率不断增高，势必会对学生群体产生影响。在每一个网络社群中，必然存在着一个或多个“意见领袖”，社群成员中的双向互动，可能自然而然产生意见领袖，也可能是意见领袖故意为之，不论是哪种情况，思想教育工作者都需要重视意见领袖的作用，抓好对意见领袖的监督管理、教育引导，以达到事半功倍的教育效果。日常生活中，教育工作者不仅要留心意见领袖在线上的言论，也要注意观察意见领袖线下的生活状态、情绪变化，防止意见领袖因现实生活的压力，在线上胡言乱语，影响到其他同学。对虚拟社群中言行规范、正面积极的意见领袖，教育工作者应该给予鼓励和表扬，激励向上的意见领袖继续发挥带头模范作用。

第三，重视朋友圈，加强监管协调。QQ 空间和微信朋友圈都是群体构建的重点。QQ 空间和微信朋友圈满足了大学生被关注的心理需求，同时也使群内成员、朋友之间的联系更加密切。网络具有强大的扩散功能，手机网络扩大了这种扩散功能，陌生人之间、朋友之间都可以通过交互工具取得联系，朋友圈内状态的更新，引发群内其他人的关注，人们能够更加了解身边的朋友，得到更为广泛的信息来源和信息资源，从而获得情感支持和被关注的快感。在朋友圈中，思想的分享使彼此的知识增长，快乐的分享使彼此心情愉悦，温情的分享使彼此心贴近心。人们分享得越多，文化就越开放，对生活和现象的理解也就越深。与此同时，频频出现的因为微信摇一摇而引发的违法犯罪案件要引起教育工作者警惕。思想政治教育工作者需要利用好这个分享平台，为学生把好关，加强网络的监管和协调。

## 三、加强思想政治教育智能手机载体的队伍建设

### （一）重视高校思想政治教育智能手机载体的构建

高校注意对高校思想政治教育发展的重视程度和移动端的构建发展。在当下社会发展过程中，手机的出现成为日常生活中必不可少的一种电子产品，手机帮助人们在当下发展迅速的过程中，能够在第一时间段通过移动端的方式接收信息，同时也为思想工作教育开展带来了新的路径和发展渠道。在当下，各平台之间的发展和过工具之间的表现，都形成了以当下信息时代发展的基础，而也满足了大学生运用高科技手段来增强彼此之间的交流和情感沟通。手机在大学生的生活当中已然成为必需品，而高校思想政治工作的开展重视手机媒体对大学生的影响，也是顺应时代潮流的一种表现，高校思想政治教育对手机媒体的特点以及功能，针对大学生的情况和思想政治教育在实践生活中发生的影响，开展新的技术和表现。对相关的问题有效地针对和多方面地考虑，寻找手机媒体和思想政治教育的平衡点，将手机媒体广泛运用到实现思想政治教育发展实践当中。

在此过程当中，手机载体的建设和发展离不开数量和资金的支持，因此，高校应加强相关的资本投入和设备发展，利用手机媒体去更好地表现思想政

治教育的实际情况。而单纯地依靠软件发展是不能够表现全面的思想政治教育的，只有通过软件设施的发展和硬件设备的表现，二者相辅相成，才能更好地表现出思想政治教育，融入实际生活和大学生当中的实践表现。在此过程中，高校就需要根据手机的特点去设置和开发相关的软件设施。在全校的范围内开展统一安装和调试，同时以全校范围内安装相关的信号覆盖设备，为了更好地保障学生运用手机去上网，在高校内的贴吧论坛要实施开展动态管理，对舆论导向做出有效的引导。

### （二）加强高校思想政治教育智能手机载体队伍的培养

高校思想政治教育发展在移动端和智能手机的表现，不仅仅要靠大学生和高校的重视，同时还要依靠相关队伍建设的培养和发展。以党政干部、辅导员和班主任作为开展高校思想政治教育发展的主力，利用移动端和智能手机的表现，更好地将思想政治教育队伍在发展过程中年轻化。思想政治教育者队伍在发展过程中，首先要具备过硬的政治素质和理论素养。只有自身的专业素质过硬，面对学生的多方面问题才能做出有效的解决和针对，教会学生如何做人，做什么的人，在社会中，在社会发展过程中充当什么样的角色。教育工作者要具备相关的扎实的基础理论，学生在发展过程中所面对的是知识发展前进的表现，而在这样的情况下就要求教育工作者要源源不断地去发展自身的素质，理论以不变应万变才是不变发展的道理。坚持正确的政治方向，梳理我们共产主义发展的理念，始终坚持我党的领导，完善自我的思想体系。同时，思想教育工作者不仅仅要面对学生，同时还要面对一部分的网络群众，在网络知识方面和理论知识方面以及对待事情的心态调整方面都要做出有效的发展和正确的面对。在这样的背景下，就需要思想政治教育工作者不断地提升自身抗压能力和工作能力以及沟通能力，在当下是一个多元化发展的时代。多元化的发展影响学生也是一个多元化的表现，在这样的过程中学生所面对的问题也是多方面的，也有可能是古怪刁钻的。因此，教师和思想教育工作者要做好心理准备来面对学生的五花八门的神奇方式。同时，教育工作者要尊重学生的思想隐私以及生理隐私。学生能够敞开心扉地去与思想教育工作者进行有效的交流，就表明了学生内心的渴望和发展，有需要得到被关爱的态度和需要，而相关的工作人员不能擅自将学生隐私泄露，学生的小秘密也不能被其他的人所共享。

传统模式下的教学情况抑制了一些学生的想法，对学生的发展是十分不利的，因此，一些学生内心的叛逆心理十分严重，教师对学生来讲就是一种可有可无的存在。一些学生会从多方面去寻找难点、怪点来彰显自己的与众不同，对教师来讲就是一种单纯的报复心理。而在这样的情况下，就要求思想教育工作者的内心具有承受能力和对学生的忍耐能力等。长期以来，学生所扮演的角色就是逆来顺受地获取知识，内心的思想和发展并没有得到一定的解放和表现，因此，很多学生会将这种心态反馈给思想教育工作者，而思想教育工作者则需要对学生所展现出的信息和情况进行有效的分析，以及判断帮助学生提取一些信息中的重点、理解学生的内心想法，帮助学生更好地发展自我和实现个性化的发展，从而更好地表现出对学生的尊重和对自身工作的肯定。

### 四、完善思想政治教育智能手机载体的监管机制

依托智能手机媒体开展高校思想政治教育工作，离不开行之有效的制度规范。制度化是高校思想政治教育顺利开展的有力保证，是一个发展过程，其主体是众多群体和组织，目的是使这些主体日趋成熟。为了保证高校思想政治教育手机载体的运行顺利畅通，确保思想教育工作者能够运用手机媒体达到预期的教育效果，必须建立相应的制度。

首先，完善权责管理制度。坚持以人为本的教育理念，创新大学生思想政治教育的动力机制，建立健全切实维护大学生权益的权责管理制度、应急预警机制和鼓励机制，思政工作者要各司其职，实行网络导师到岗服务，与个人绩效成绩挂钩，在确保手机媒体开展思想政治教育活动时，每一个环节都有专人负责，让更多的教师、后勤、管理人员都能够投入到思想政治教育活动中，充分发挥监督、管理的职能，确保手机思想政治教育活动的顺利实施。

其次，重视意见反馈机制。完善手机信息沟通制度，在信息的获取、交换、表达和意见产生的过程中，充分利用反馈的信息，针对学生处理信息的不同阶段采取不同的措施，保证手机活动能取得收益的最大化。注意区分手机网络中学生群体中存在的灌水者、讨论者和发问者，因势利导，有针对性地开

展活动，汇集校园舆情信息，积极主动地引导舆情导向，做学生思想的风向标。

再次，制定效果评估指标体系。效果如何是通过学生的思想和行为体现出来的，思想政治教育效果的好坏，直接影响着学生的个人发展。效果评估指标体系的拟定落实，需要根据智能手机媒体的独特性，智能手机媒体对思想政治教育的特殊影响来制定，在评估的过程中，要充分尊重学生个体的差异性和多样性。对手机媒体开展思想政治教育活动的评估，其目的不是的鉴别手机功能，而是要强化手机媒体的导向功能，让学生善于利用手机，以正确的、积极的、向上的态度对待手机信息。

复次，优化监控手段。加强对手机网络中呈现出的不同社会心态的检测评估等网络预警机制，对于手机网络中出现的不良心态及时进行引导，协调校园中存在的不和谐的声音。利用智能手机媒体，加大对学生的心理健康教育辅导，强化思想政治教育效果，在整个过程中充分体现人文精神和心理疏导，各个部门全力配合，优化监控手段，抵制不和谐因素，引导校园舆论导向。

最后，健全思想政治教育手机媒体的法制建设。法律规范是手机载体思想政治教育顺利开展的根本保障。将手机媒体的相关法律运用于高校思想政治教育的日常管理中，借鉴国外高校关于学生使用手机媒体的法律规范，有利于高校思想政治工作者对学生运用手机媒体的管理，减少有害信息对学生的危害，确保学生能够文明使用手机媒体。

# 第九章 主题网站建设在高校思想政治教育中的应用研究

## 第一节 主题网站与高校思想政治教育

### 一、网络的特点及对当前思想政治教育的影响

网络形式充满了灵活性和趣味性。传统模式下，高等学校思想政治工作基本上是以谈话的方式或者通知的方式来告诉学生如何做好思想政治的发展。伴随着网络技术的融入和开展，传统的老黄历已然不适合当下学校的发展和教育发展。传统模式下，教师开展思想工作方式以板书的形式为学生带来场景描述。而当下的社会发展过程中，网络技术运用多媒体的形式，通过以直观的方式将知识和数据以一种学生喜欢或者能够更好地接受的表现方式来表达。例如，在当下一些教学过程中，很多高校教师应用网络上的表情包，表情包一出现，学生的吸引力几乎全被吸引到表情包的一些搞笑和幽默的风格上。对表情包所表现出的知识和一些思想传播有着较为深刻的理念，配上表情包魔性的表现性以及粗犷的画风风格，让学生感受到知识，同样地，可以用一种俏皮的方式展现出来。而多媒体思想政治工作的开展可以政治思想工作为主，让学生从传统意义上抽象的思维模式中解脱出来，以直观的方式和感官的表现，让学生去接受和理解政治思想教育工作开展的必要性和实时性。学生也可以通过自我的参与和自我的发展，有效地对待当下实时热点做出自我的表达，内心的表达也表现出学生对时事政治产生的关心和兴趣。因此，教师要引导学生正确地去看待实时政治发生的任何事情，网络信息的传

播形式已不仅是文字，还包括声音、图片、动画甚至是图文、音像并茂的影视画面，这种多媒体思想政治工作技术不仅为思想政治工作的手段、方式、条件、效果等带来全新的变化和新拓展，而且可使学生的多种感官同时感知，身临其境，大大改变了沿袭多年的高等学校思想政治工作方式和手段，达到最佳的思想政治工作效果。如此一来，教师也传播了思想政治教育工作的实施性和一些必要性，对学生来讲，参与其中能够更好地激发自己的成就感和兴趣。学生在一些知识上有着较大的自由空间，接收信息的意识和知识感越来越强。在此过程中，教师可以利用学生这一方向的优点，来改变自己思想政治工作手段的创新，让学生感受到充满运动元素和年轻活力的思想政治工作表现。

网络信息的自由性和选择性。高校思想政治工作开展所面对的主体是以学生为主，因此，就要考虑到学生对知识获取的自由性和选择性的方面。在思想政治工作开展过程中要彻底地去改革和创新传统模式封闭的教育方法，将网络思想和政治工作相互结合，形成网络思想政治工作开展的新方式摆脱传统教育当中的时间和空间限制运用多分段、多考虑、多方面的手法，将教育和网络进行结合。通过有效的媒体和宣传，表现出教师对网络的热议和学生更好地交流和发展，让学生以一种自动的方式去浏览和感受高校内部思想政治工作的网络表现，同时要多听取学生的意见，将网络表现以活灵活现的方式展开，不能以传统的工作和网络表现去呈现给学生“老旧膜片”。同时高校思想政治工作网站建设要听取学生的意见，在工作网站上不一定要时时刻刻关注工作上的表现，同时也可以为学生留出一个单独的板块，让学生在此过程中积极地交流和展现自我。例如，在一些高校当中，会为学生留出单独的区域和板块，让学生自我设计，自我发展，形成特有的高校文化特色。在网站建设过程中，不仅仅能表现出高校思想政治工作，同时也能表现出学生对日常发生在自己身边的事情有所分享，让更多的学生参与到网络分享当中，让学生感受到网络和自己其实很近。让学生感受到分享的乐趣，让学生以一种友好平等的方式在专属于学生特有的板块当中，达到自我的发展和自我的实现，而相关教育者需要做好把控和掌握的工作，对一些无聊信息或者无效信息进行有效的筛选和删除。因此，对学生自我实现网站发展的过程中，高校方面应该给予学生的知识，同时要主动地晒出日常生活中的有趣味性的事情让学生参与其中的讨论，而在此过程中，将高校思想政治工作中的知识点和困难点掰开揉碎，融入日常生活发展当中，让学生去感受到。同时也可以为学生开展相关的专业知识表现的板块，让学生感受到教育和日常融合可以更好地发展。

共享性。在网络信息发展过程中，网络资源共享成为了当下社会的一个必需品和特点发展。资源共享，能够将人们日常所说的一份快乐双倍感受真正地实现。但又不完全地表现这句话的实用性，因为在网络共享性的发展过程中，每一个人都可以将自己的网络信息或者自身经历通过有效的知识转换和数据表现呈现在网络当中。因此，我们每个人可以从网络信息上共享资源，同时也能为资源共享去尽一份自己的力量。而这一网络有时也可以借鉴到高校思想政治工作网络发展过程中，日常的思想政治教育在开展过程中融合网络上的发展，提升了传播性和发展性以及资源共享性。在面向学生的过程同时也是教会学生的过程中，让学生成为自己的教师，让学生去教导或者融入到思想政治工作当中，实现思想政治工作从学生中来到学生中去，从而更好地服务学生，同时也让学生感受到自我参与的满足感和自豪感以及对学校的认同感。学生自我的话语在高校的发展过程中也成了一定的可能性和未来性，在这样的情况下，最大限度地去调动学生的积极性，让学生积极地参与到管理当中和发展当中，以一种网络的形式我只是同时在自我知识不足的情况下，高校所表现的思想政治内容又为学生带来了新的能源补充，如此往复的良性循环，让学生和高校在发展过程中形成了有效的共同进步和共赢局面。

网络在发展过程中所呈现出的特点可以帮助思想政治工作有效开展，利用网络上的优势和方法以及形式等诸多方面的变化，从实际行动中去改变网络思想政治工作中的不足之处，更好地对学生进行网络思想政治的观念贯彻。从传统的自上而下、单向灌输和被动地接受思想政治概念转变为当下双向的互动共赢的局面，让学生能够更好地发展知识传播，同时也能表现政治思想在网络中的有效传播和发展，让学生也能为教师带来新的知识，让新的知识在教师的手中更好地多方面地表现，传递给更多的学生。师生之间联手打造属于校园特有的思想政治文化，丰富发展和思想情感交流。高校作为中国社会网络化发展的前沿，也是信息化普及教育发展的一个基础表现。在高校内，学生的数量在不断地增加，上网的人数也在不断地增加，因此，高校内的互联网发展和互联网行为模式会影响未来社会发展的基础和价值取向，以及心理发展和道德上的观念等。在这样的背景下，互联网就需要更好地被高校所运用和发展，树立良好的模式以及观念，去影响学生更好的开展思想政治工作观念的融入。

## 二、思想政治教育进网络的必要性

### （一）思想政治教育进网络是加强高校思想政治教育工作的需要

在我国当下的发展过程中，互联网在各行各业中都有着不错的表现和良好的发展前景。我国高等院校基本上都已建立了属于自身发展特有的局域网，帮助高校学生们在图书馆、食堂、宿舍等一些开放性的公共场所，随时随地运用网络上的知识来充实自己和发展自己。网络在当代大学生发展过程中显得尤为重要，在实践过程中，网络发展已然充实在大学生活当中的各个角落，可以毫不夸张地说，离开了网络，大学生的一些工作便不能正常地开展，整体的大学容易出现瘫痪的状态。当然，网络上的平台不仅仅是大学生获取知识和信息的一个重要来源，同时也成为当下大学生自由表现和表达自己思想感情的主要方式和主要场所。而网络的发展和繁荣在信息迅速传播方面有着较为良好的表现，大学生也可以通过简单的方式获取一些新鲜的知识和信息，有许多事情对大学生和大学生活的思想观念有着较为深远的影响，因此，不能过早地让大学生接触到该信息的影响。而网络教育工作者应该清楚地了解到网络技术的发展和普及，其目的是更好地帮助大学生来开展新渠道和新方式，获取更多的知识和增加知识上的储备，而不是让学生过多地将自己的经历倾注于网络之上，从而变成网络上任人摆布的傀儡。在这样的影响下和前提下，拓展高校思想政治工作发展的重要性就变得十分的重要。在网络的帮助下，教育者能够掌握学生的思想、情绪和发展，从而能够根据学生的实际思想、情绪来对相关的热点问题进行剖析，对学生的内心状态和心理发展做出传播和知识教导的过程，也将其心理的问题有所化解。同时也可以利用网络的开放性和交互性以及隐匿性等各方面的信息知识，从不同角度，以不同方式的表现手法来帮助学生的一些思想政治问题做出真实的对策和改变，让学生感受到其实网络和自己的生活并不遥远，因此，网络并不是不法之地，也需要真实地去了解和有效地判断，从而能够更好地发展自己的大学生涯。

伴随着信息技术的迅速发展，互联网作为当下信息传播最为重要的新媒介，在大学内越来越受到教师和学生的欢迎，其原因是通过互联网技术的发展和新媒体方面的传播能够对各行各业的知识以及信息及时地传播和发展，让师生能够在第一时间内了解到相关的信息，并对自己的学习和工作乃至生活以及思想方面产生较为深远的影响。网络校园技术的出现以及发展和普及为大学生发展网络带来了新的动力和趋势。在网络迅速发展的今天，越来越多的学生通过网络上的发展和信息的传播，逐渐了解到我国一些正能量的技术和政治思想的表现。例如，在爱国主义思想情怀教育下，越来越多大学生开始从内心对我国的一些政治情况和国际新闻去关心这样的情况，就是高校政治思想教育发展成效的表现。又如，在当下发展中，一些同学对网上的外交部发言十分感兴趣，在下面的评论可以观察出很多的爱国主义思想，教育的实践理论和实践表现都可以通过评论的方式进行友好的交流和分享，对思想政治教育融入大学生活的体验也有更为准确地表现和更加的发展。在这样的情况下，网络思想政治教育可以利用相关的网络开放性和交互性等方式，为学生去全面地开展思想教育方式上的表现。当然，思想教育方式上的表现要根据网络的发展和自身的发展进行动态性的表现和创新。在时代的发展下，越来越多的元素和青春被融入其中，而这一方热血也需要经过有效的锤炼才能形成一种真实有效的信仰，发展为社会服务的表现带来更加新鲜的血液和活力以及动力。

（二）思想政治教育进网络是用先进文化占领新的思想阵地的迫切要求

互联网普及的深度和广度越来越明显，网络基数越来越大，在这样的基数面前，网络这一思想教育阵地的影响能够更多地影响和传播思想政治理念。而在网络用户基础发展过程中。对网络基数做出有效的分析，可以看出，构建网络思想政治教育阵地的任务十分紧迫。思想政治教育的过程就是传播先进文化的过程，是用先进文化影响人的思想观念和精神状态，培养“四有”新人的过程。同时对其他人群思想道德素质的融入和发展也十分重要。在实际情况表现过程中高，校领导应该注重网络思想政治教育融入大学生生活当中，从实践当中积极地展开和表现思想政治教育的实用性和发展性，同时能够引导青年对自身的发展产生新的空间，对未来社会的发展也是一种有必要的手段和保障。而在此过程中，对构建网络思想政治教育阵地的任务便显得十分重要，思想政治教育的过程和目的就是将先进的文化以及社会主义的信仰传递给更多的新人，利用优秀的思想文化，对大学生的精神观念和精神状态以及价值观念做出信仰的树立和形象的表现。

## 第二节　高校思想政治教育主题网站建设的现状

### 一、高校思想政治教育主题网站的积极作用

#### （一）高校思想政治教育主题网站提高了思想政治工作的社会化程度

传统的大学生在发展过程中更多的知识是局限于校园内的，而对学生的思想政治，同样来自校园内的思想发展。而网络的出现，打破了学生对知识渴望的局限性，学校已然不再是单纯地知识获取和发展自身表现的一个地方。而更多的是利用学校的优势，在此优势基础上开展网络化的活动行为，在自由的网络世界驰骋纵横，对各种社会和各国之间的领域发展、文化情况等都进行了一系列的了解和认知。不能说上知天文、下知地理，但绝对可以称得上向上发展有高度、向下发展有深度、横向发展有宽度，而这也是大学生网络发展的实际表现。

#### （二）高校思想政治教育主题网站打破了思想政治教育的时空界限

网络的发展打破了思想政治教育的时空界限，进一步增强了思想政治教育的影响力。传统的思想政治教育一般是集中在同一时间、地点，进行同一内容的教育，具体表现在以“两课”教学为主渠道，以课堂讲授、政治学习、师生谈心等形式来进行。更多的是学生在一定时间段内觉得相安无事，而在

发展过程中，才能够发现自己的世界观、价值观和大局观，缺少了高校思想政治教育的支撑。在未来的发展过程中，需要高校思想政治教育主题的融入和支撑，才能更好地帮助学生对未来的发展带来思想上的理解和帮助。而网络发展则提供了相对性的便利，学生可以通过网络上的交互性和自由性，自由自在地与身边的人进行有效的话题开展和交流。而学生的思维困惑和思维迷茫，也可以通过网友或者教师的点拨让学生更好地朝着未来的目标有效的发展。

（三）高校思想政治教育主题网站使受教育者变被动为主动

学生的发展不再是单纯的大学生时期，而是一个终身的学习环境和学习行为。在这样的理解过程中，高校作为学生最为重要的一个环节和人生发展过程中一个关键的环节，需要对高校思想政治教育的融入和学习行为表现的考虑。传统模式下，教育的方式是被动的，学生选择的余地少之又少，更多的是通过填鸭式的教育和被动地灌输知识概念，在这样的过程中，造成了学生的一些逆反心理，严重者出现厌学，在发展过程中逐渐地发现自身在网络世界中自己有如沧海一粟，需要大量的数据和知识以及思想观念来作为发展自身的前提。让学生了解到困惑和发展自身思想政治教育的必要性和必须性，让学生去感受到未来世界发展，由自己去改变和表现，而这样的情况下，学生将传统的被动方式去接受学习转变为主动的方式，去考虑未来的发展观念和发展自身的行为。学生有了积极性能够更好地影响教师和学校环境以及学习氛围的改变。

（四）高校思想政治教育主题网站充实了思想政治教育的资源和内容

高校思想政治教育主题网站的建设要从实际出发去改变思想政治教育内容的资源和网络上的表现，不能够利用和沿用传统的方式去表现自我的证据和政治的宣传口号。反而应该俯下身子去倾听学生的想法和意见，拉近与学生之间的距离，让学生参与到网站建设当中，更好地表现出网站的活泼性和积极性以及实践性，让学生感受到自己的校园正由自己亲手打造。

在此过程中学生所产生的自豪感和认同感以及成就感是无法用言语来代替的，而学生的参与进来能够更好地表现出学生群体的行为、思想在这样的过程中学生出现了种种行为，教师可以做到有效地针对和有效地讲解，对此，教师的帮助能够影响到学生更好地去解决心理困惑，而心理困惑的解决能够帮助学生自己更好地发展高校思想政治教育和发现思想政治在自我发展过程中的重要性。

## 第三节 高校思想政治教育主题网站建设取得的成就与存在的问题

### 一、高校思想政治教育主题网站建设取得的成就

（一）用思想教育主题网站主动占领网络阵地

大学生刚刚结束了高考的洗礼，而对大学还充满了好奇心，对知识的发展和世界的考虑都有着属于自己的见解。大学生有好奇心、强烈的求知欲望，对新鲜事物接受较快。因此，我们可以利用大学生的这一优点，以网络的形式去宣传和发展思想教育主体网站。在当下，网络在人们日常生活中随处可见，在各行各业领域中都有一定的应用，而网络技术的出现，也打破了传统教育模式上的观念，对传统教育模式上的时间和空间的制约网络技术发展都可以通过随时随地的方式来解决这一难题和困点，因此，网络在发展教育过程中必然带有优越性和未来性。因此，在未来的发展过程中，网络教育发展已经成为必然的趋势。

网络以大量的信息和知识来丰富学生的视野和知识观念，对学生来说是一件非常好的资源获取方式，但在此过程中，一些网络信息会夹杂着大量的垃圾信息和错误信息来诱导青少年并可能导致其心智发展不健全，从而会影响青少年在自身心理发展过程中产生一定的心理缺陷和错误。因此，需要通过正确的方式来化解，而教育过程当中，我们也可以转变传统观念，通过有效的正确的方式，把网络信息化的时代思想融入教育当中。思想政治教育管理在其发展过程中要够更好地去打破一些时间和空间上的限制，让学生通过实时的方式去引导身边的事和正确的政治思想，以欢快活泼的方式告知给学生，让学生内心不再有过多的负担和沉重的概念，让学生正确地理解世界，

客观地看待自己人生，避免出现一些极端的想法，造成不可挽回的损失。

青年学生的特点是好奇心强，求知欲旺，接受新事物快。当网络以大量的信息、丰富的功能满足青少年学生追求新知、渴望沟通与交流需求的同时，网络中的信息垃圾也在影响着他们的世界观、人生观和价值观。网络是信息化时代思想政治教育管理的新阵地。主动占领网络阵地，拓展思想政治教育空间，可以争取主动权，增强网络的可控性，否则，学校思想政治教育就只能在以网络为载体的思想意识斗争中处于被动地位。因此，网络条件下的思想政治教育管理最基础和最首要的工作之一，就是要建立思想政治教育网站或制作思想政治教育网页，使思想政治教育以主动的姿态在网上拥有属于自己的一片天地。如，复旦大学几年前就建成了上海高校第一个学生宿舍计算机局域网，在网上开办局域网网站，设立丰富的网页栏目，把班级工作、思想教育、教学管理、党员建设、生活保障、团学活动、社会实践、科技创新以及民主管理等变成网上的公开栏目，同时组织关于教学课程、辅导员工作、心理健康教育、“两课”教育、社会实践和科技创新工作等方面的聊天活动，邀请因特尔等著名企业的人员上网与学生交流事业与人生，取得了很好的效果。面对网络争取主动，在网络上唱响主旋律，加强正面引导，目前已成为各高校的基本共识。

（二）网络为思想政治教育提供了成功的途径

网络文化在发展过程中形成了自己独特的特点和风格，而网络文化风格具有多功能性和多样性，内容涉及较广，速度较快，环境开放，包容性强等特点。对一些网民能够取得更好的共鸣，而在日常生活中，可以通过身边的事情分享，结识更多的网络上相同兴趣的人，并可以形成有效的学习圈子和学习氛围。在此过程中，越来越多的人深感网络学习的好处和优势。而这也给互联网发展提供了更多的思维和教育考虑。互联网不仅给思想政治教育发展带来了机遇，同时也带来了大量的错误信息和不良信息。以网络开放性的姿态去迎接众多信息，对学生的发展势必会造成一定的影响，因此，就需要政治思想，网络发展工作人员通过对信息有效地筛选和提取，对一些错误的信息或者不法分子捏造的不符事实的信息，要做到有效地规避和拒绝。同时，对一些真实有效的信息，我们可以一种网络文化的形式将信息传达给学生，让学生共同参与到其中，让学生自我发展、自我表现。通过网络上的实践分享，可以让学生从多方面去考虑和完善自己的话题和评论。在此过程，中学生所学到的知识和对外交流的方式都有所改善，这也是一种思想政治教育，为学生的发展带来了优势和表现，越来越多的人深入到话题讨论过程中，也就是表明，越来越多的人受到了思想政治教育的影响。而针对学生的特点可以开设相关的网站在不伤及学生的积极性下，更好地满足学生的好奇心和求知欲，让学生对知识充满兴趣和发展以动态的性格和态度去掌握和发展新知识。而对我党的发展，和党内思想政治建设纲要的下发以及颁布，也可以通过一种俏皮的方式将党内思想正确地传达和落实，让学生参与到党文化的渗透当中。

（三）网络管理法规逐步确立

网络在发展过程中出现的各方面问题和不足都需要相应的规范化和法制化来予以辅导和帮助。网络也是一个讲法律的环境，因此，未来的网络发展必然是以网络管理法规逐步确立和逐步规范的情况来更好地去表现和开展网络的实施。互联网的发展和应用使得网络法规的确立和成立成为必需品，随着网络和科技化的普及，越来越多的网络犯罪走进了人们的视野当中。一些热议事件成为人们茶余饭后讨论的话题，因此，国家对社会的发展，公共安全问题的保障，对网络上的法律法规建设逐渐形成特有的方式，从而确保互联网过礼当中的立法工作完善。

在网络发展过程中，通过法律方面的政策指引和政策加持。思想政治教育管理网络发展已然是有章可循，并且在发展的过程中日益地趋于完善和规范。网络自身的虚拟性和开放性，加上网络法规，教育的普及性，以及其他政策的吸引和支持，在学生当中网络上的法治意识和责任意识以及对不法分子挑衅的安全意识和自律意识得到了更好地完善和发展，这是网络思想教育中一个重要的表现。在实践过程中，网络思想政治教育的对学生的人格培养和价值观念都做出了十分可靠且必要的发展，而在高校当中的校园网，通过学生和教师以及社会方面的支持，越来越多的规范和完善信息被融入其中。通过学校自身的需要和实际的考虑，已然形成了一套属于学生和学校特有的网站运行需要。同时，通过高校内的不断完善，让学生也真正地体会到学校对学生的认可和发展做出了真正的改变，让学生参与到管理当中和网站发展当中，让学生更好地通过自己的变化，通过自己的思想政治教育，影响更多的网络思想政治教育发展，学生的自我管理和自我的融入能够更好地在学生之间引起共鸣和发展。同时也能减轻教师的负担和压力，教师在日常工作当中需要正确地引导和及时地梳理，以及对信息的处理做出有效的发展。

（四）学生参与网络管理

网络在我国发展过程中，在宣传方面和传播方面，学生对教师有着更为早期的了解和认知。从网络在我国出现的那一刻起，大学生对网络的热情和兴趣相比于教师有着更为高涨的心情。我们可以借鉴这一情况，在思想政治教育当中，充分地去调动学生的积极性和热情。让学生参与到管理当中，以学生为主，让学生自己动手，自己参与。如此一来，能获取学生的尊重和极大的认可，同时也能影响学生，让学生更早地融入社会当中，能够通过自我发展和自我完善的实践过程中，对社会竞争和管理做出一定的改善和完善，通过学生之间的传播和发展，从个体到局部，从局部到整体。以此类推，到社会发展过程中，伴随着思想发展，更多地去净化职场空气和职场环境。因此，学生参与网络管理是一个十分重要的手段，也是表现学生和尊重学生的一个表现。教师的融入和学生的融入，在关键时刻为学生指点迷津和点拨。因此，学生参与当中离不开教师和专业人员的帮助，而这样的情况也需要教师和学生共同努力和共同传承，整体校风在思想政治教育管理当中更好地传承下去。

## 二、高校思想政治教育主题网站建设存在的问题

（一）思想观念问题

自从20世纪末期开始了信息化时代的发展。伴随着网络技术和网络的普及，高新技术的应用成为发展网络信息时代的核心技术，而计算机信息技术也成为各国经济增长最为重要的发展以及来源。计算机的发展和网络的存在以及出现都是必然的产物和人类智慧的结晶，伴随着网络规模和群体不断地发展扩大，加入互联网和不加入互联网已经不再是一个传统的选择性话题，而是一种必要的和肯定的态度。传统模式下，互联网是一种机遇和挑战共存

的个体。在实际当中，一些思想政治教育工作者队伍发展对计算机技术和计算机操作不感兴趣，或者说不是精通的表现。而对新事物的接受和敏锐性以及捕捉性，并没有形成有效的条件反射和良好的接受程度，整体的观念更新不能够跟得上时代的潮流和发展。而网络技术不断地优化，计算机技术不断地深入。年龄和计算机使用能力者成反比，年龄越小，对计算机熟悉和掌握的程度也就越高。相比较之下，对一些高龄人员，对网络的技术和了解还存在着不足。根据上述的情况表现计算机在大学生群体当中的应用要比在教师群体应用当中更加的明显和频繁。对学生来讲，教学教师所布置的任务，即使自己并没有完全理解，也可以通过后期的网络技术和计算机发展来自行解决，对知识的索取已然不再是传统的教师讲解主体，结合学生的实际的情况并进行相应的解答，而后需要学生通过自己的努力来获取真正的答案以及解题的过程，这期间是一个开源性的表现。教师并没有给学生设立相关的规矩和条框，需要学生自我发展，而学生通过自己对教育和知识的索取。其印象和兴趣也在不断地加深和发展，在这样的过程中学生能够获取更多的知识，而教师也能够相对应地减少自身压力，从而将目标转移到教学方法和教学态度上，更好地为学生做出服务与发展。在此过程中二者成为一个相互合作形成一个共赢的区别。网络平台已然成为一个吸收容纳、承载、传承、发展的平台，不断缩小人际交往的时间和空间，以及交往方式对人类的生存形态有着较为重要的重塑和发展，而作为一个网络思想政治教育的工作者只能通过自身对时代的改变来发生改变，自我的改变是主动的，而被动地接受世界的改变，迟早会遭受到社会的摒弃和淘汰。

### （二）队伍建设问题

伴随着我国高校的兴起，越来越多的高校思想政治教育队伍也在此悄然地发生改变，由学校内部负责思想政治教育的领导，宣传人员、工作人员以及一些心理咨询人员，老师或者学生的共同参与，形成了一定的形式构成和结构表现，但是有一部分的思想政治教育工作者，由于知识结构和技术上的缺陷，在网络条件下并不能有效地开展相关的工作，更多的认为网络教育成为一种束缚自身教育的手段。

从某种意义上讲，网络条件下的思想政治教育管理是一种较为科学和尊重学生的管理表现，但在实际生活中运用度和认可度并不能达到一定的程度，这也就表现出一些高校内对思想政治教育、网络管理发展并没有做到真正了解，缺乏深刻的认识和不与时共进的表现。思想政治教育工作并不是传统教育模式下的思想开展，更多的是通过较为和谐或者平等的方式去帮助学生，而不是传统意义上去教育学生，更多的是让学生去理解和学会自我发展。而网络平台的发展为年轻的教师和学生带来思想上的冲击。西方文化和一些潮流对我国传统文化形成了一定的碰撞，造成了一部分教师和学生思想上的波动，对一些理论和政策发展过程中并不能保持清醒的头脑，反而更多的是获取局部的利益，牺牲整体的利益。在这样的情况下，对一些涉世不深的学生是一种毁灭性的打击，一些不法分子让学生丧失坚持共产主义发展的信仰和理论。同时，我国在国际上的地位越来越高，面对这样的情况，在国际发展中，这样的情况并不利于学生的正确思想和明辨政治的情况；同时，伴随着教育工作者对网络的发展不认可以及传统教育模式根深蒂固的理念影响了整体的思想政治教育发展。思想政治教育发展本就是一门多学科相互交叉、相互渗透、实用性很强的综合性学科，作为高校思想政治工作者，必须与时俱进地去更新教育手法和手段，结合时代发展的客观性，要始终坚持以学生为基础的情况，确切实际的保证思想政治教育工作在学生群体当中开展，影响学生的发展和对大局观以及明辨政治观念的考虑。

## 第四节 加强高校思想政治教育主题网站建设的对策

### 一、转变思想观念

网络的发展是社会的必然性，也是时代性。因此，网络发展是一个双刃剑，能为学生带来更为宽阔的视野和信息资源，同时带来的信息资源也会掺杂着一定复杂性和错误性。自从北京申奥成功之后，时代的发展就像按下了快进键。中国已然不再是传统上的中国，更是以一种全新的姿态和民族自信心迈向于世界，而在此过程中，网络的发展和宣传树立了不可磨灭的作用，国际形象的树立增强了我民族自信心与自豪感，提供了对自我的认同感。在这样的舞台帮助下，思想政治教育也不再是高高在上的谈话和训导，而是更多的平等交流和资源交流。思想政治教育是一种全校或者全员树立的一种思想和形象。在这样的思想影响下，思想政治教育在发展过程中显示出的表现力是多样化和复杂性。思想政治教育不再是传统的原理进行背诵，理解即可，而是更多的认可，自我的认可确定了社会发展的氛围和前进的步伐，学校管理者的一举一动影响学生的发展和教育实施性。因此，传统思想政治教育工作中的说服性教育模式，已然成为过去式的一种表现，而未来式的表现掌握在每一个高校思想教育工作者手中，思想工作教育不再是苦口婆心的劝导劝说，而是就事论事，和学生之间形成有效的交流，教师能够听从学生的意见和建议，而学生也愿意听从教师的人生经验，永远怀着一颗学徒的心的教师才是一位真正的教师，是真正地关心学生成长的指导者。

## 二、加强队伍建设

在 21 世纪发展过程中，网络教育的出现和发展已经成为未来教育发展的趋势和所向。在未来的教育发展过程中，网络教育必然占据主导地位和重要的发展，在此前提下，要运用网络开展思想政治教育，是当下我们教师所应准备的前提和保障，更好地能够利用网络信息，教育和网络发展。去帮助更多的学生符合当下时代的教学表现。同时要建设相关的网络计算机思想教育者发展队伍。缺少相关的队伍发展和队伍建设，网络思想政治教育就是空谈和空想。

首先，网络环境和网络复杂程度确定了网络教育和网络教师的重要性和综合性。伴随着计算机在全球化的发展，越来越多的行业成为计算机应用的表现，从某种意义上说，计算机技术的出现和发展促进了全球之间的经济往来和社会节奏。而网络教育更是受到了网络方面的冲击，网络教育工作者成为受教育者和教育者之间的中介。因此，网络教育者在这一角色判定过程中，对互联网上的各种需求需要充当以下三种角色。第一，信息咨询员。信息咨询员是互联网上常见的一种人才表现，而网络教育中的信息咨询员要继续发展传统信息咨询员的信息收集和观察以及整理区分之间的优势，同时要注意网络上不法分子的过度利用错误的知识，有效地辨别和侦查，在职期间要将有效的信息进行筛选，同时要教会学生更好地用信息和网络去帮助自我发展。第二，信息分析员。网络教育工作者的信息分析员，顾名思义是将有效的信息收集整理和分析，形成良好的教育价值和教育资源。在此过程中，教育工作者需要在网络空间对信息的收集和发展以及利用都要做出有效的监视和监测，对不良信息和错误信息要及时地阻止和拒绝，要做出有效的分析和保障。第三，系统管理员。网络教育在网络发展过程中要具备专业的素质，同时还要具备多方面的综合管理技能。既要对本系统进行自我发展和自我维护，在自我系统发展过程中，网络教室要充当网管的角色，对环节和系统之间做出有效的了解以及把握和掌控，从而设计出符合自身发展的网络教学环境和网络课堂设计。又要考虑到本系统和外部信息之间的连接以及协调，做出有效的考虑和发展，确保信息在发展过程中形成有效的掌控能力和操作能力。

其次，网络思想政治教育在计算机发展过程中要针对人员建设做出网络知识技能的普及和培训。计算机网络在日益发展过程中普及，不了解、不认识计算机网络的尚有人在，因此，思想政治教育者要接受网络基本知识和网络基本教育的概念普及以及技能训练。在网络上要强化自己的素质和表现，网络上并不是非法之地，因此，在网络上和网络教学过程中，要时时刻刻注重自己的教师形象以及教育素质。这不仅是线上思想政治教育的需要，同时也是线下思想政治教育的表现。在今天的发展过程中，网络的需要和社会的发展已经形成了深层的联系，在社会和人类发展过程中产生的影响是十分巨大的，因此，在各方面的表现要十分注重自己的思想、身份。不能出现非法的言论和煽动学生错误信息的表现。从而更好地在教育和教学环节为学生做出真实的考虑和信息的了解，融合网络计算机的热门特点，形成有效的网络语言，进行实际教育和网络教育的表现。例如，在网络贴吧或者某种游戏当中，签到成为一个最主要的表现，玩家通过签到累积到一定期数或者天数，便可领取相对应的奖励。教师也可以通过学生之间解题或者不懂就问的情况进行有效的签到表现，以此做出有效的奖励，刺激学生更好地发展，学习表现和学习能力。网络教育工作者同时还要熟悉一些常用的网络软件技术，不仅是计算机端，同时还考虑移动端。在此过程中，可以通过各方面的软件了解，对自己的课程设计、课堂设计提供相对应的技术支持。在课堂教学运用多媒体的过程中，网络教学的融入能够以多方面的图形和视觉效果去表现出信息和知识相互挂钩的教育。例如，一些当下的教室，运用网络上常用的表情包融入教学当中，在教学过程中既能反映出教师的真实想法，同时也能表现出学生的真实想法，二者在有趣的互动过程中便完成了知识的传递和学习的教育。

再次，培养优秀的思想政治教育网络的人才。不仅能够对自己学校的发展带来未来远程教育发展过程中的优势，同时也能提供相对应的经验和表现，还需要建设相对应的思想政治教育网站，在网络上和网站上，不仅仅能够对广大思想政治教育者进行网络知识的培训，同时还能提升优秀的思想政治人员和网络思想政治教育理论表现。同时能够为教师在个人发展过程中提升自己网络计算机水平的表现。在建设相对应的队伍发展过程中不仅需要通过多方面的知识，还要考虑注重和政策上的引导，集中培育一些专业以及优秀的骨干，并根据这些骨干的个人发展能力和未来发展，向提供更为专业的培训班和培训发展，以及计算机网络技术的专业培训。帮助这些骨干时期更加具有专业化和网络化，同时能够通过网络平台的方式进行。在此之外，还要考虑到以直播的方式为思想发展和网络思想教育做出有效的推动。同时，这些网站还能对自身学校的发展和自身网络教育的网站做出有效的维护和专业的数据提供。有了这样一批可靠的网络专业思想教育队伍，就能够在未来发展过程中牢牢把握住发展的前进动力和优势。而思想政治网络教育者可以通过网络的方式一步一步引导青年学生思想通过网络教育的表现，更好地提升学生的道德素质，同时让这些更有未来发展性的网络，高素质青年学生净化网络的进一步发展，从而形成有效的良性循环。

最后，高校思想政治工作者的方法要转变。一方面，传统的思想政治教育教学模式通常是以教师为中心，知识的传递主要靠教师对学生的灌输，教师填鸭式地讲解，学生被动地接受，作为认知主体的学生在教学过程中自始至终处于被动状态，很难激发学生的兴趣，很难发挥其主观能动性，而且不利于培养学生的发散性思维、批判性思维和创造性思维，也不利于创造性人才的培养。另一方面，在传统教学的课堂里，教师面对的是全班学生，往往满足不了学生个体差异的要求，因而教师提供的信息量不仅有限，而且缺乏针对性。新时期面对新的形势，必须要不断创新思想政治教育方法，积极开展双向交流活动，拓宽人与人之间的交往渠道，教师与学生的交往、沟通趋向多样平等。不过，由于这种平等而双向的交往是依靠“人—机—人”的交往方式实现的，必然会造成通过机器相连的人互相之间认知的缺失、情感的缺失及师生之间情感交流的减少。在这种情况下，一方面，教育者应该充分利用自己高尚的道德品质、渊博的专业知识、高超的教育教学艺术和优秀的人格魅力确立以情感沟通为核心的教学交往，形成师生双方的心智交流、情感交流；另一方面，利用网络上的论坛敞开心扉进行相互间深层次的心理交流，解决受教育者在心理成长过程中所遇到的任何一个问题。比如，开通网上对话。由于网络的匿名性，学生可以运用网络把平时不便说、不敢说和不愿说的话吐露出来，包括学习上、生活上的困惑，同学之间的矛盾，对老师、对学校的意见，对校园、对社会上受到普遍关注的热点问题的看法等，教育者可以从中了解学生的真实情感、真实思想，及时发现问题并及时作出针对性的引导和教育。

### 三、加强网络思想政治教育的管理

网络思想政治教育者在网络发展过程中要充分发挥网络的实时性和匿名性以及交流性来表现思想政治教育功能。而对日常的思想政治教育，网站的维护和管理成为必不可少的工作之一，在日常工作中对网络方面的监控和管理做出有效表现和学生之间的真实互动，来规范学生的网络行为，防止一些非法信息入侵学生的思想，造成不必要的社会麻烦。通过网络上的真实有效互动，能够及时地掌握学生的思想发展和思想发展进程，同时对学生当下思想发展过程中出现的问题和措施做出准确的教育和指导。及时地帮助学生消除心理隐患和心理阻碍，形成积极向上的心理健康发展。要在校园形成一种良好的、健康的、正确的网络环境，不仅要提高网络宣传的质量和网络心理针对，同时还要通过宣传的质量以及网络心理，针对的延伸去辟谣和阻碍，或者杜绝有害的网络思想侵袭。通常情况下，思想政治教育管理制度在发展过程中所出现的教育程度和教育方式相比于网络思想政治教育具有传统化，因此，在网络思想政治教育过程中选用创新型的方式和创新型的思维，通过友好的方式来劝导学生更好地表现出网络思想政治教育的独特性和必要性。

要发展网络思想政治教育管理制度，就要考虑到网络思想政治教育的管理制度中产生的实际问题和客观问题。在客观情况下，我国网络规定和网络管理制度的建设相比于西方发达国家起步较晚，完善速度较慢，但总体来说，发展的速度和形式还是比较喜人的。网络思想政治教育的发展过程中，必须依靠法律的帮助和法律的支撑，在其法律所规定的道路上，有效地、有秩序地、积极地前进。要时时刻刻遵守法制法规，称其为基础，在此之上，要逐步地表现和完善网络思想政治教育管理的基本制度和发展。在发展过程中要在以下几个方面有所体现。第一，网络思想政治管理的职权制度。要有效地对网络思想政治教育进行管理，就必须用制度的形势确立思想政治教育网络管理者的地位及其对思想政治教育网络运行的职责、权利关系，使管理者各就各位、各司其职，从而使网络思想政治教育的管理落实到实处。第二，交流制度。网络思想政治交流制度要依靠网络发展的特点和建设网络发展的特点以及发展网络特点。思想政治教育不仅仅要存在主页网站之上，同时要在各个网站和各个平台以及网络之间的发展过程中形成真实有效的交流制度，从而获取更多的教育信息和教育发展，不足之处是网络思想政治教育的内容更加丰富和更加真实，更加具有实效性。第三，评估制度。网络思想政治教育的效果要从网络中影射到实际当中，因此，就要求网络思想政治教育者在网络上的有效影响和有效发展，以及引导帮助学生在实际生活中真正地解决自己内心问题和思想政治上的改进以及发展。但在思想教育网络发展过程中，思想政治教育的特殊性和不完善性导致了一些评估规则和方法具有很强的特殊性。例如，在发展网络思想政治教育过程中，其中的点击数和浏览数以及转发数都可以进行评估，而真实的发言和正确的指引也能够成为网络思想政治教育的评估影响。第四，监控制度。监控制度通过对学生在网络上的有效的实时监控，帮助学生在需要改正的过程中及时地出现和阻止。互联网上的信息是十分复杂且具有一定的真实性和欺骗性。因此，一些不良信息会对网络思想政治教育的结果造成严重的干扰和入侵，严重者会煽动学生的内心思想和网络教育的真实性，造成大规模的网络传播影响更多的学生，造成学生内心素质和内心心理受到了严重的影响，严重时会对社会的发展带来危害。例如，在网络发展初期，“熊猫烧香病毒”肆意危害网络发展的安全行为会对学生的人生价值产生巨大影响，容易造成道德上的影响和行为失范等。更有甚者在一些不良网站获取一定的非法知识，造成与事实不符的谣言和影响对学生的影响很大，造成了大面积的学生发展和学生传播。综上所述，这些学生的传播和对计算机发展没有做到正确的运用，从而造成的各方面的社会矛盾和社会不满情况都从侧面来证实网络计算机思想政治教育的正确性和必要性。而网络政治思想教育者对学生的引导和正确的发展所带来的作用是十分巨大的。

### 四、充分运用网络技术开展思想政治教育

网络信息量的发展特点是复杂和庞大。在发展思想政治教育过程中，思想政治教育应该具有针对性和预测性，以及前沿性和实时性，不能老是通过对传统新闻的翻新和没有说服力的宣传内容，因此，在实际发展过程中要注重思想政治教育和实际生活的相结合，以及思想政治教育在实际生活中的变形发展。都应该通过较为活泼和轻松的方式所表现，对网页上的内容要及时地更新和发展。确保自身发展的说服力和信服力，同时也能信更多的观众来进行跟帖、灌水、交流等，而作为发起者更应该积极地融入交流当中，通过对实践生活中的想法，而后更加完善自己的思想政治教育网页发展。

第一，高校思想政治教育网站要以充分的版面为受众提供精彩、全面、及时的教育信息。思想政治教育网络信息只有精彩全面及时，才能吸引广大网民关注它，提高网民的点击率，网络思想政治网站应借鉴现有门户网站的信息结构模式，将当日重要的信息置于网站首页，旗帜鲜明的展现网站信息的思想政治教育导向；要将首页中的思想政治教育信息按照不同的主体进行科学的分类，使网民能够较为方便、全面的获取教育信息；要尽量减少教育信息标题与具体内容之间的衔接环节，争取“一链到位”，以缩短搜寻信息

的时间，提高思想政治教育信息传输的速度，从而以方便快捷留住网民等。

第二，充分利用网络论坛开展思想政治教育的双向互动。BBS，即电子公告板，大学生网上信息交流的便捷，通过论坛、聊天室等平台交流思想。大学生思想教育工作者应利用好这一平台，更加方便地实现平时面对面教育所不能达到的良好效果。常常教育工作者可以化为“网友”，以更成熟的思想，平等地与大学生朋友展开恣意沟通和交流，没有居高临下，没有震慑强迫，有的只是娓娓道来的引导，四两拨千斤的指点，收效却往往更好，因为这解除了当面思想教育时学生的排斥、防备心理，使心贴得更近，言语说得更直接，成效越显著。

高校思想政治教育网站应围绕着重大事件和人们思想认识上的热点、难点、焦点问题，开设具有思想政治教育特色的主题论坛，使其成为教育者和受教育者互动的场所，成为人们交流思想、提高认识的重要渠道，高校思想政治教育者在通过这一形式与受教育者进行互动时，还应该注意通过它了解、分析受众的真实想法和思想动向，以便及时地有针对性地开展网上思想政治教育。同时，通过师生之间的平等交流可以达到自我教育的效果，通过学生的自我管理，可以增强思想政治教育工作的说服力。

第三，加强和改进高校思想政治教育网站的建设。

首先，高校领导要真正重视思想政治教育网络工作，将建设思想政治教育网站由“务虚”变为“务实”。要将思想政治教育网站建设列为党委议事日程，解决网站所需要人员、技术、设备、资金、场地问题。通过设立书记信箱、校长信箱等窗口，以及在网上举办“校领导接待日”等活动，广泛听取意见。有时间应亲自参与到论坛乃至聊天室中去，与师生网民交朋友，在潜移默化中开展思想政治教育。

其次，高校思想政治教育的主体不能缺位，但可以泛化。谈到思想政治工作的主体和对象，必然要涉及教育过程的主体和对象（客体）。长期以来，教育主体是与受教育者矛盾对立的特定教育者，他们是高高在上的思想权威，其主要职责是进行灌输。在教育过程中，形成了老师教、学生学的过程，即老师（广义）= 主体，学生 = 对象。这不仅在实际上确立了一种不科学的主客体关系，而且给思想政治工作的开展带来了很多矛盾和问题，进而影响了这一工作的成效。事实上，高校的思想政治工作是一项系统浩大的工程，它需要全体师生的共同努力，甚至需要全社会的共同努力，在完成这一系统工作中，高校里的每一个人既是主体，又是对象，教师和学生在思想政治工作中是一种良性的社会关系。也就是说，在高校思想政治工作的主体、对象问题上，没有绝对的主体，也没有绝对的对象，大家都是积极的参与者（当然这里有主次之分），只有对主体、对象及其关系有了科学的认识，才能使高校思想政治工作取得理想的效果。

最后，思想政治教育能否通过网络顺利开展并取得效果，一个重要的标准就是看相关信息点击率。思想政治教育信息的点击率高，说明网上思想政治教育的影响力大；反之，则说明其影响力小。因此，在网站设计理念上应坚持特色化，避免做成“大而全”。各校应从本校实际出发，在政治宣传基础上，结合本校办学理念、人才培养目标、校训、校风、校园文化等，创建出具有本校特色的、与其他院校风格迥异的“红色网站”，让网民感受到“此网站非彼网站，建立健全以思想政治教育为主题的网站，以精彩的动感画面和丰富的内容吸引人们，并利用网络为人们提供方便快捷的服务，以赢得人们的信赖；同时开发和运用其他网站的思想政治教育信息资源，以形成全方位的网上思想政治教育的态势。

# 第十章 基于“云课堂”的教学模式研究

## 第一节 “云课堂”的构建与应用

### 一、“云课堂”环境的构建

#### （一）智慧教室的建设

智慧教室是教室从空间以及软件方面的综合表现，因而称之为智慧教室。智慧教室在大数据和信息技术的帮助下，所呈现出的教师信息化建设和信息化表现就是一种动态和新型的智慧教室的存在。智慧教室为教师和学生提供了多方面的智能化服务和教学资源。在教学活动方面和设置方面有着多方面的应用和综合的表现，智慧教室的出现，其目的是更好地帮助教学效果，提供更多的教学资源。

智慧教室系统通过高清的录播系统把一堂课的教学过程同步到“云课堂”中，支持学生实时视频观看。而且，通过多机位来将画面充分补全，可以让线上的学生看到全面、清晰的镜头，不漏掉教学过程中的每个细节。智慧教室可以根据学生的观看需求任意缩小和放大画面，保证学生观看的方便性。

同时，智慧教室有丰富的教学资源供教师参考，为高质量 PPT 的制作提供了便利。学生可以快速访问，在应用中让学生感到它的便捷性和广泛性，做到了真正以服务学生为主。智慧教室将网络技术与教育真正融为一体。

#### （二）构建基础架构云平台

成功构建基础架构云平台的基础在于信息技术的发展。在之前传统的互联网中，是无法构建这样的云平台的。而随着信息技术的发展和设备的完善，这样的云平台教育系统被研发出来，让云平台既能够具有信息技术的便捷性，也具有了教育内容的权威性。IT 数据为云平台的打造提供了充分的基础和技术信息。

（三）云教室、云实训室的建设

将所有的信息系统和教学资源都存储在“云端”是目前云计算和教育的融合成果，在融合当中形成了云教室和云实训室。和传统的计算机教室相比，信息系统和教学资源都储存在云端就相当于将所有资料都集中在了一个中转站中。和传统的将资料储存在计算机中相比，这样的储存资源空间更大，更方便教师找到这些资料。云教室和云实训室也为师生之间提供了一个线上的课堂平台，在创新了教学方式的同时，也可以让教师通过线上平台，为学生进行实时的在线问答。学校不需要花费太多的人力去调度课程，只需要在“云课堂”平台上发布通知，让学生来观看即可。学生还可以随时与教师进行交流。云教室和云实训室为师生之间的深度互动进行全面服务，具备很高的性价比，节省了时间，也更加人性化。云教室和云实训室为师生关系和教育课堂提供了一个新的发展机会和发展方向，教育不断呈现多元化走势。

## 二、“云课堂”的应用

（一）“云课堂”在计算机基础教学中的应用

“计算机应用基础”课程是大学（非计算机专业）当中的必修课，也是计算机的入门课程。目前通过教育的深化改革和教学师资力量的增强，众多高校包括高职院校在内，将计算机基础课全部都安排在云教室环境下进行教学。课程的教学知识点、各类练习题、考试题等都会由教师在“云课堂”上一一发布。教师在课堂之中通过“云课堂”来进行讲解，可以通过“云课堂”观看所有学生的习题完成情况，并针对学生的完成情况进行讲解。这样也解决了很多学生觉得计算机课程枯燥的问题。一边让学生动手做，一边由教师进行讲解，能够增强学生的学习效率，教学目标更容易实现，教学效果也更显著。同时，如果没有听懂课程，在课下也会看到“云课堂”上的教学内容，并且还会有对应习题的演示，这样就更加方便学生学习。同时也可以在班级内增加讨论组，让学生就一些难题互相讨论，增进学生之间的交流，培养学生团结协作的精神。而且在“云课堂”中，学生有不会的问题也可以直接请教教师，帮助学生加强了与老师的沟通。有了良好的沟通，在实体课堂当中，教学氛围就会变得更加融洽，学生的学习信心也更足。

（二）“云课堂”在仿真、模拟教学中的应用

高职院校是以培养应用型技术技能人才为主，所以高职院校会安排很多实践活动。“云课堂”为学生开创了另一种实践方式。学生可以在“云课堂”的仿真软件中真实操作，这样节省了场地，也让学生不必经常往返于各个实习地点。学生很容易适应这样的技术学习，效果也更好。这些教学仿真模拟器都集中在“云课堂”上，所以学生在“云课堂”的桌面上可以通过登录模拟软件系统来进行操作，方便快捷。教师更能清楚地观察学生在实践中的表现以及出现的问题，在过后可以随时与学生交流，教导学生及时改正一些缺点，真正拥有良好的技术。一些高职院校的学生在考专业证书时，也许之前会因为大家都挤在一个场地学习而耗费很多排队的时间，现在有了这样的便利软件，就不会再出现这样的情况。大家都可以通过云系统来进行练习，避免了等位耗费的时间，又避免了一些同学在看到同学等位时心里会出现的紧迫感。云系统帮助学生创造了更多的实践机会，也让学生做了更多的职场心理建设，有利于今后高职院校学生在社会生活中的发展。

（三）“云课堂”在专业设计课程中的应用

在“云课堂”教学的时候，教师都可以和学生在一样的机器上进行观看。而且教师和学生可以在使用中不断总结系统出现的问题，反映给设计“云课堂”的团队，“云课堂”设计师会根据教师的要求重新规划改进技术。在改进中，每个步骤都会详细地解释给教师和学生听。

学生在教师讲解时可以按下同步学习来记录教师的讲课过程。教师也可以在课上为学生布置一些设计内容，然后对学生进行点评。需要改进的地方，可以让学生课下将改正的作品传到“云课堂”，之后教师再进行反馈。这样既能够更好地辅导学生，也提高了学生的学习热情。因为在传统的课堂中，学生如果遇到不会的地方或者是感觉自己做得不好的地方，在课下很难有时间与教师交流和沟通，自己不能够明确改进方向，而“云课堂”解决了这个问题。学生的主观能动性得到了充分展现，教师的辅导和传道作用也得到了

充分展现。这样让教师和学生之间有了充分交流，有了施教和受教的良好渠道和平台。

（四）开发设计在线学习云平台

无论云平台还是“云课堂”都让学生享受到了线上的便利。“云课堂”充分为学生的自主线上学习做了详细设计，且不局限于本校的学习。“云课堂”将全国所有高校同一专业的教学内容、名师授课、习题等视频和相关资料都整理在一起，以供学生在线上进行观看，为了方便学生的观看，并考虑到学生的经济状况，只要学生输入自己的学号就可登录查看，没有收取任何费用，完全无偿提供给学生最顶尖的一手专业信息。学生可以向任课教师的微信号、微信公众号提出问题，老师使用移动平台针对学生学习问题给予指导，答疑解惑，受到了广大学生的一致好评。在初期就获得这样的反响对云平台来说是个不小的收获。

## 第二节 “云课堂”教学的困境及决策

### 一、“云课堂”教学的现实困境

（一）教师：从线下传统课堂教学到“云课堂”教学转向困境

首先对教师来说，其面临的考验就是要跳出传统教学的思维，充分了解互联网，将传统的课堂教学转变为与线上的课堂并驾齐驱的教学方式。这对一些不了解互联网的教师来说是一个新的考验。同时“云课堂”刚刚上线，有大量问题需要教师在教学当中不断去发现、去解决。在教学之前，教师需要对“云课堂”的所有功能和每个具体信息都有一个详细的了解。同时“云课堂”的开展，也需要教师花费更多的时间在“云课堂”当中，这会占用很多课外时间，教师要习惯这样的节奏。

其次是教师自身要对“云课堂”的教学观念有一个积极的态度，要想让学生适应这样新颖的教学模式，并且积极加入这样新颖模式的学习中来，自己就必须对“云课堂”有一个积极的学习和使用态度。改变以往传统的教学理念是关键。在传统的教学理念中，教师过于习惯自己的主体地位，思想上会有很多的壁垒，而要想融入“云课堂”中，就必须要打破曾经熟悉的一些观念，习惯以学生为主体的“云课堂”教学模式。并且要在培养学生形成个性化学习能力之前，将自己变成可以进行个性化学习的人。同时“云课堂”对教师学习新技术的能力也有考验，因为“云课堂”的教学视频会涉及教师上传等工作内容，所以教师要充分学习，提前适应。

（二）学生：从现场学习到“云课堂”教学平台”学习的转向难题

首先，对学生来说，因为学生对网络并不陌生，对网络媒体也能很好地适应，但是关键性问题在于学生的自制力不够。不论中小学生还是大学生，大部分学生都有自制力不强的弱点。所以，如果想依靠“云课堂”来激发学生的自主学习是远远不够的。教师必须进行适当的指导和监督才能让“云课堂”起到真正的作用。在走访调查“云课堂”的作用当中就可以发现，学生虽然很容易接受“云课堂”这样的教学形式，但是在没有教师的情况下，学生并不能够自主配合进行学习。甚至有的学生在没有教师监督时，会通过手机或者 iPad 进行其他娱乐活动。其次，就是“云课堂”的虚拟性在学生长期的使用过程中，会造成学生之间缺乏交流，学生沉溺于网络交流，导致实际交流能力差，影响学生之间的关系等。这就需要教师进行实时调节。最后，就是“云课堂”的广泛应用和大力实施，让很多作业和调查都通过网络进行，学生书写的机会减少，导致很多学生提笔忘字。并且过多的线上材料会增加学生的学习内容，让学生更有压力。如果不适时排解，会对一些心理承受能力差的同学造成影响。

（三）教学内容：由纸质教材到数字教材的载体转化症结

随着信息技术的发展，很多现代化教学形式都融入了传统课堂中，形成一种新型的教学形式。和纸质教材的封闭化相比，数字教材具有开放性和简便性，越来越占据优势。“云课堂”教学丰富的数字专业资源受到了很多教师和学生的喜爱，但是在这样的情形下，有些教育工作者担心长此以往纸质教材会被数字教材所取代，或者说将数字教材和纸质教材相互融合才更长远。

（四）教学媒体：从辅助教师教学到辅助学生线上学习的转换挑战

教学媒体从辅助传统教学课堂开始，教学课堂的氛围就变得更加活跃了，学生与教师之间的交流也变得更多了，学生对教学内容的兴趣也大大加深了。通过教师的启发引导，学生越来越能够配合教师进入课堂教学内容的主题中来。而“云课堂”教学平台”的出现，更加充分地体现了这一点。不仅如此，“云课堂”还帮助学生在课下也能够与教师进行便捷式沟通，拉近了教师和学生之间的感情。“云课堂”为教师和学生之间搭建了一个学习中的社交圈，就如同大家生活中经常用的社交软件微信一样便利。与之不同的是，“云课堂”既能够有交流的便捷性，还能够具备开放性学习功能。

但在教师辅助学生进行“云课堂”的使用时，在加深了学生对学科的理解以及对教师的印象之外，教师的课后教学工作也增加了很多，这样一来对教师也形成了一种无形的负担。所以在具体的运行当中，教务管理者和教师都要去协调掌握好工作的尺度。

## 二、“云课堂”教学的实现路径

### （一）培养信息化新型教师，增强教师“云课堂”教学适应能力

考虑到教师对“云课堂”的接受程度和接受能力不同，为了教师都能在短时间内掌握“云课堂”教学，对整体教师队伍进行“云课堂”教学培训是最可行的办法。一方面，在培训当中，可以通过专业人员的讲解培养教师的网络技术知识；另一方面，现在对教师的培训都有专业的技术手册，所以教师在培训之后自己也可以通过手册来进行学习。教师在掌握了基本的“云课堂”操作方法后，可以根据自身的学科来对“云课堂”的使用进行整合处理，根据自身的学科特点和教学目标来进行教学设计。在教学设计上要做到：第一，选择适合“云课堂”呈现的教学内容。在“云课堂”的使用中，教师需要学会通过“云课堂”的平台来获取丰富的教学资源，再将这些丰富的资源进行整合，制作成PPT或者是视频来方便课堂教学使用。第二，灵活运用“云课堂”教学形式。在传统的教学课堂中穿插进“云课堂”的教学形式，促进学科教学目的的快速达成。第三，要通过“云课堂”对学生的学习进行客观性评价。做到以上三点才能让教师在掌握了云平台课堂的教学技术后，运用云平台教学技术增强学生对“云课堂”的适应能力，帮助学生通过“云课堂”树立自主学习的观念，并且养成自主学习的习惯。

（二）严爱相济，强化学生线上学习的自觉性和学习心理关照

教师要想强化学生“云课堂”学习能力，首先就要建立起完善的学习评价制度，对学生自主的学习进行考核和监督，促进学生自主学习能力的形成。目前很多高校的“云课堂”平台之所以效果不尽如人意，都是因为缺乏评价和监督机制所导致的。学生的自制力不提高，“云课堂”的作用就不能充分发挥出来，当然也就没有学习效果可言。所以，教师要建立起一个严格完善同时又人性化的监督管理机制。在保证学生可以进行学习的同时，也能够让学生感受到“云课堂”平台带来的欢乐，让学生开始真正喜欢加入“云课堂”平台的自主学习当中。在长期的自主学习当中，学生的自制力就会显著提高。在具体的建立方法上，可以采取为学生建立电子档案考核的方式，将学生的实时学习动态和数据都做详细统计，来为学生进行考核，督促学生自律学习。

（三）构建以纸质教材为主、数字教材为辅的教学方式，使教学内容形态多样化

在我国“云课堂”实行的现阶段中，“云课堂”的数字教材成了目前传统教学课堂中的宠儿。在教学课堂改革当中，如何依靠通过“云课堂”平台和传统课堂相结合，来形成适应学生“需求”也在教学目的和教学内容“限度”范围内的教学方式是教师一直探索的问题。首先对纸质教材和数字教材的性质和优势教师就展开了充分的认证。最终得出的结论是，纸质教材是数字教材发展的基础，数字教材则可以在发挥纸质教材作用的基础上促进纸质教材的内容得到更多学生的认可，也可以供学生按照自己的喜好进行个性化学习。数字教材在一定程度上也为学生的书包进行了“减重”。

## 第三节 “云课堂”与传统课堂教学目标关系构建

### 一、“云课堂”教学内涵

“云课堂”教学平台是信息化教学的重要形式。以云计算技术和IPv6网络技术为研究基础开发出了“云课堂”教学平台。移动终端成为“云课堂”教学平台的载体，作用于教师教学与学生日常的学习生活中。“云课堂”教

学具有强大的交互性，也就是说，学生对学习资源可以自由选择和任意阅览，教师通过这样的交互性强和资源强大的平台，可以充分展示备课和优化教学设计的优点。并且，云计算技术和 App 网络技术让云教学平台打破了以往传统课堂需要受到时间和地点限制的壁垒，云教学平台的功能和服务都更加多样灵活，建立了一个不受时间和地点限制的空间课堂。传统课堂与线上的“云课堂”联系起来，形成了线上线下相结合的创新教学模式。云教学平台的技术开发让翻转课堂也开始广泛普及起来，翻转课堂让学生充分利用课余时间在“云课堂”教学平台上对教师安排的教学内容进行学习。如此一来，教师在课上的教学时间可以充分帮助学生深度理解知识，在课下时间教师也可以根据学生的个性和需求来为学生进行针对性辅导教学。有了信息技术的支持，“云课堂”教学变得更加丰富多变，也变得更加符合用户的需求，增加了用户与平台之间的黏性，也增加了教师与学生之间的交流和互动，推动了信息时代下教育的发展。

## 二、“云课堂”教学的特征

### （一）教师：多元角色充分体现

教师是具有多元化角色的职业，教师被赋予了很多期望行为，整体来说，教师的多元角色包含了教师的实际角色和期待角色。由于目前信息时代的发展和教育的发展，信息时代下的“云课堂”教学逐步成为课堂教学不可分割的一部分，成为学生生活、学生个性化学习、教师备课、师生交流的一个必不可少的工具。“云课堂”教学个性化的学习方式得到了普遍好评，也让教师的角色定义发生了改变，主要表现在以下几个方面。

首先，在教师的角色上，人们开始注重加强教师学习指导者和促进者的角色身份。学生在利用“云课堂”教学平台的教学视频进行自学的过程中，可能会遇到很多的问题需要与教师沟通，这就要求教师要充分发挥学习指导者的角色，利用课下时间对学生进行耐心的指导，促使学生加快养成自主学习的习惯。“云课堂”教学具有很强的互动性，教师需要充分运用“云课堂”教学的这一特性开展合作与探究学习的实践活动，不断激发学生的学习热情，指引学生的学习与合作方式，促进学生进行个性化学习。

其次，是在教师的角色上，更强调了教师作为线上学习心理辅导者的角色定位。“云课堂”教学不仅仅只对教师的线上学习角色进行了约束，对学生进行心理建设也是教师需要做的工作之一。由此教师通过云教学课堂多了另一种角色，就是线上学习心理辅导员。学生课程前的预习、课中的练习以及课后的个性化学习都需要教师引导。要想让学生融入这样的虚拟课堂中，就必须要从心理上让学生接受，心理建设变得尤为重要。例如，在“云课堂”教学中，有些学生对线上互动的学习方式出现不适应的问题，或者一些学生过于依赖线上的学习方式和交流方式，开始出现社交恐惧心理。

最后，“云课堂”教学让教师也获得了另外一种角色，那就是校外声音的倾听者。“云课堂”教学让教师不仅能够听到课外学生的反馈，也能听到一些来自校外学生的反馈或心声。所以，教师就获得了这样的新角色，就是校外声音的倾听者，在教师听到这些来自校外学生的反馈或问题时，教师需要及时对学生的心声进行回应，帮助学生解决问题是教师义不容辞的责任。这样的共享方式和交流方式，也为学术交流和教育发展提供了良好的土壤。

（二）学生：学习方式个性化和终身化

随着社会的发展，教育者越来越认识到素质教育的重要性，也意识到了每个学生都有不同的认知方式，差异化教学才能让学生获得更好的发展，同时也能够增强他们的创新能力。所以，一直以来，教育工作者都在为个性化学习而努力，“云课堂”教学的出现，则改变了以往教育工作者在这方面探寻上的艰难困境。“云课堂”教学真正从尊重学生个性化学习的角度出发，多元的服务模式和资源共享以及师生互动，都符合学生喜欢的个性化学习方式。比如，“云课堂”教学在知识呈现方式上灵活多变，充分适应了不同学生的信息加工习惯，丰富的视频资源增强了学生的学习动机，弹性化的学习步调更适合高校学生的学习。“云课堂”教学资源也有利于学生拓宽学习空间，树立学生终身学习的观点。

（三）教学内容：丰富和开放化

“云课堂”教学通过信息技术让课堂教学变得有趣味性，也让学科知识呈现的方式更加能够满足不同学生的需求，增强了学习个性化的建设。同时，

“云课堂”教学平台的开放性也更加有利于学生的个性化学习。无论本校学生还是其他学校的学生，都可以通过这样的教学平台进行自主学习，更加推进了学科教育的发展。

（四）教学媒体：辅助学生线上学习的功能凸显

第一，教学媒体可以辅助学生进行主体性学习。在线下课堂，教师也可以运用“云课堂”教学平台对学生的学习进行辅助指导，增强学生的参与性。这样就实现了教师无论在线上还是在线下都可以对学生的学习进行辅导。并且在线上辅助学生时，更加有助于学生自我教育意识的激发，提高自己的约束能力，促进个性化学习。

第二，教学媒体为学生提供了多样化的学习体验。学生在运用云平台教学课堂中，可以体会到不同于传统课堂中的感受，相较于传统课堂，“云课堂”广泛获得了学生的喜爱。流畅的界面和美观的设计，都让学生享受到了极佳的用户体验。并且在云平台，只要轻轻一搜，各个学科的各种资料和文献都可以查得到。方便快捷的资源查阅，让学生更加喜欢上了自主学习，也更容易让学生在云平台中与其他人进行学习交流和提出自己的观点，更加促进了个性化学习的发展。

第三，在“云课堂”教学中，教师可以充分利用云平台教学的交互性特征，多多开展分组讨论和虚拟生活情境的实践学习，让学生感受到云平台的现实性，防止学生出现过分依赖线上平台课堂而忽视了线下课堂和实际生活的情况出现，帮助学生正视“云课堂”教学的作用和意义，正确运用这样的开放平台，避免一些心理问题的形成，改进学生对“云课堂”教学的认识。

## 第四节 基于“云课堂”的混合式教学模式设计

### 一、基于“云课堂”的混合式教学模式设计

（一）课前学生自主学习

在课前让学生自主学习时，教师需要将所有的课程内容和需要学生了解的资源整合好，提前发布出来，同时要引导学生针对自主学习中不懂的问题

进行讨论。教师必须在“云课堂”教学中做到充分参与到学生的讨论中去，督促学生在“云课堂”论坛中针对学习内容来谈自己的感想。教师也要在学生发表感想后对学生进行及时回复，或者再在组内积极开展师生之间的大讨论。这样做有助于了解学生的学习情况和心理、思想，也促使教师及时调整教学内容。课后，教师可以通过“云课堂”看到学生的回答，第一时间看到自己的教学反馈，有利于提高自己的教学水平。同时教师也可以在云平台了解一些学生学习的重点、难点，在之后的教学中加强相关重点、难点的讲解，有助于提升学科的教学效果，也促进了学科教育的发展。

（二）课中学生课堂研讨学习

在进行课中教学时，传统教学模式在这样的教学当中，需要注意到以下四个环节上的细节问题。第一，教师需要在课前整理好学生自主学习的情况，通过“云课堂”中学生的学习情况来查看学生在自主学习中遇到的难点和概念的模糊点，在课堂中进行集中讲解。这样就更能让学生集中注意力，对教师的教学也更具有指导性，教师可以真正基于学生的需要来调整教学方式和教学节奏。第二，教师通过“云课堂”可以在课前和课后进行双向交流，在交流过程中深刻了解学生的心理和对学习内容的掌握程度。在之后的教学过程中，教师就可以更有侧重地对学生进行指导和教育。而且有了“云课堂”的铺垫，教师开展小组讨论时，学生的积极性提高了。第三，教师通过参与学生的讨论，更能了解学生的想法，学生也更能将教师的讲解放在心上。教师和学生感情增进，也就增进了学生对教学内容的认可和在思想上的认同。第四，教师对学生的情况进行归纳和总结，根据学生的具体情况来进行“云课堂”课后任务的布置。通过“云课堂”可以随时随地查看学生学习任务完成情况，积极展开与学生交流，帮助学生培养出自主学习的习惯。

（三）课后学生巩固学习

课后学生的巩固学习是非常重要的步骤，温故而知新，想要掌握好一门功课，并且能够在这门功课上有建树，温习功课是很必要的。所以“云课堂”教学平台也很重视课后学习。对思想政治教育课堂来说，在“云课堂”课后巩固这个阶段中，学生的任务是通过翻阅大量资料开展对相关话题的讨论，并且讨论的感想或感悟都要以作业的形式发布到“云课堂”作业模块中，以便教师可以一一查阅，针对学生的感悟和感想进行一对一的思想指导和全面批改。

## 二、基于“云课堂”的混合式教学模式的优势

### （一）有效互补单一在线学习和传统课堂学习的缺陷

将网络在线学习平台应用到教育领域中是一种跨领域的尝试，也是教育发展的必然。即使网络在线学习平台有诸多优点，但一味地运用单一的学习方式来发展教育也注定是过于片面的。在全球范围内，这样的应用因为过于单一，出现问题也不能避免，所以在线学习和传统线下学习相结合才是教育发展的大势所趋。因为对一些自我控制能力差的学生来说，学习效果是无法估计的。所以在现代的教育当中，线上教育虽然有诸多优点，但是我国仍然没有大力提倡和普及只通过线上平台来学习的观念。而传统教学模式存在的问题也可以说众人皆知，那就是在传统的教学当中，很难做到如今的以学生为主，尤其在高校思想政治课上。因为教学内容的繁多以及班级人数过多，教师无法做到顾及每个学生的感受进行个性化教学。在传统的教学模式中，教学实践受到场地和时间的限制，教师主要以教学内容来开展知识点的讲解，无法保证与学生进行大量互动，也无法增加教学实践来帮助学生提高社会实践能力，很难做到让学生综合发展。

“云课堂”的出现为传统教学模式增添了不少的活力。增加了师生之间的互动，同时也为学生的自主学习提供了大量的资源，也帮助教师进行了资源整合。将“云课堂”与传统课堂教学模式结合起来的混合式教学模式弥补了两者的缺点，也发扬了两者的优点。一方面，混合教学模式在给予学生开放性学习环境的同时，辅以教师的监管，让学生的学习进度能够得到合理的安排和指导，这样也有效约束了一些自控能力弱的学生。另一方面，学生在自主学习当中出现的问题，教师可以在线解决，或者在课堂中帮助学生解决，师生之间可以不受传统的课堂教学模式限制。教师开始真正地将学生需求放到主位，引导学生养成自主学习的好习惯，形成自我约束能力，学习效果更加显著。这也进一步加速了教育改革的进程，更加推进了以学习者为中心的

教学方式。

（二）支持多样化的教学方式

传统教学方式让学生一直处于被动学习的位置。在网络媒体教学广泛开展的形势下，很多学生也还是没有转变这一思想，依然要依靠教师的督促来进行学习。这并不符合教育的目标，所以现在所有教育工作者都在不断地通过不同的教学方式来帮助学生养成自主学习的习惯，帮助学生走出固有的舒适区，真正开始学会自主学习，尝试在遇到问题时学会用发散思维自己来解决问题。只要真正培养出学生自主学习的精神，就能够解决一些学生出现厌学、学习效果不理想的情况，这也是如今混合式教学盛行的主要原因。因为混合式教学恰好可以帮助学生进行自主学习，同时也可以将传统的教学内容和“云课堂”平台的自主学习相互融合起来。长期的实践教学证明，混合式教学的效果还不错。虽然在细节上还需要改进，但是从整体上来说还有很大的上升空间。

利用“云课堂”的便捷，在传统的课堂教学中，教师可以通过云平台发布讨论内容，让学生都加入讨论组中来，增强学生之间的思想交流，在不同的思想相互交织中来完成对知识内容的学习。在课后，教师也可以通过“云课堂”发起话题讨论，为调动学生的参与积极性，教师可以充分将热点新闻与教学内容联系在一起让学生参与讨论，并且也要实时分享自己的心得体会，活跃讨论组的氛围，引导学生不断获得进步。

在混合式教学模式中，教师在课后可以让学生以个人或者小组为单位来完成一些任务，帮助学生在互动和讨论中真正了解教学内容的含义，达到教学目标。

（三）充分发挥教师的引导作用

混合式教学模式的运用，需要教师能够充分发挥引导作用。在混合模式教学下，教师的主要角色从传统教学模式中的知识传递者转变为混合式教学模式下的知识引导者，看似教师的主体中心功能被减弱，实际上是教师的作用被加强了，教师的工作量和工作要求也进一步被加强。教师可以整体调控学生的学习进程，在充分保障学习者时间自由的基础上，教学资源的设计与管理也变得自由化了。“云课堂”平台在教学资源上也为教师提供了强大的数据库，方便了教师查阅资料。对学生来说也是如此，学生可以在“云课堂”平台中获取众多专业资料，节省了很多在传统学习当中查阅资料的时间。而且学生在忘记了课堂教师所讲的内容时，也可以通过“云课堂”教学平台上教师上传的过往教学视频和课件来查看知识点和难点，方便了学生的巩固学习，如果有一些不能通过自主学习解决的问题，学生可以通过云平台来询问教师。这样就保证了学生有问题可以得到及时解决，增强了学生的学习信心。这样的便捷交流，也让教师可以根据学生的不同心理状态和思维方式进行针对性教育，促进了个性化学习的发展。在线的频繁交流增强了学生对教师的信任，也就使得在实际的课堂中，学生更加喜欢听教师讲课，并始从行动上接受教师传播的思想。

（四）教学评价更真实地反映学生的学习效果

混合式教学改变了以往传统单一的教学模式，改掉了教师不能第一时间获得教学反馈的弊端。而在混合式教学模式下，教师可以直接获得学生一系列的教学反馈，可以在更加了解学生的学习情况的基础上对学生进行全方位评价。这样的评价可以从课程开始之前延续到课程结束后。课程开始前教师可以通过云平台学生的自主学习情况来获得诊断性评价；在课程进行过程中，教师可以通过“云课堂”学生的练习记录和讨论记录来做出过程评价；在课堂教学结束之后，通过学生的课后巩固情况和任务完成情况来对学生的课程学习进行整体评价。同时，教师也可以多多鼓励学生互相评价。混合式教学模式的发展，让教师对学生的评价不再单一依靠过去的期末成绩来完成，也不是都在期末一起进行评价的，而是将教学评价分散于每个课程之中，这样就会更加激励学生学习，也有助于提升学生的学习效果。

高校教师通过运用混合式教学模式，将“云课堂”的优势和传统教学模式的优势都充分展现出来。教师在教学时能够通过“云课堂”来全面地了解学生的学习情况，对开展传统教学有指向性。教师结合“云课堂”的灵活性，可以更加吸引学生认真钻研学科，专注于学科的学习。并且通过云平台，学生可以根据自己的喜好和适合自己的学习方式拓展知识面，而学生之间思想的碰撞也拓宽了他们的思维面，有利于学生提高分析问题、解决问题的能力。教师在混合式教学中，不仅仅起到了知识传播者的作用，也起到了引导者的作用。

## 第五节 基于网易“云课堂”的SPOC翻转教学模式设计

### 一、网易“云课堂”的SPOC翻转教学模式需求

#### （一）SPOC概述

SPOC的本质就是融合了传统课堂与MOOC，具有两者的优点，同时也避开了两者的缺陷。这样的创新模式为教学结构流程的再造、学生个性化学习差异的培养、学生个性化学习习惯的养成，以及实现分享优质教学资源等优势提供了良好的理论依据和教学模式，为广大教育工作者提供了一种新颖又实用的教学模式。

#### （二）网易“云课堂”的特征分析

在MOOC课程理念的兴起和实施下，edX、Coursera、Udacity、学堂在线、网易“云课堂”等一系列在线开放课程网络学习平台也应运而生。网易“云课堂”是网易旗下的在线教育平台，其创立主旨是帮助学习者学习实用技能。为了让学习者实现更好的学习，网易“云课堂”为学习者提供了大量优质的学习资源和数据，且学习者可以依据自己的个性选择课程。

网易公司除了网易“云课堂”以外，还创建了MOOC等诸多教育产品，每个产品体系都针对不同的用户需求来运行。网易课堂不断发展，也积累了一系列的经验，为网络教育平台的发展奠定了一个良好的舆论环境，为之后的网络“云课堂”教学与教学课程的结合做出了理论的奠基。

### 二、SPOC翻转教学模式的教学要素设计

#### （一）教学目标的有序设计

教学目标的实现是需要由每个细小的课程目标达成来实现的。所以说每个教学目标的实现联系在一起，才能够实现教育目标的达成。

1. 明确教学目标，注重呈现次第

在教学目标的呈现上首先就需要充分调动学生的热情，为学生建立起一个可以达到的目标学习期望，由此增加学生的个体主动性和主观能动性。其次就是在对教学目标类型的确定上，要查看好每一个教学目标下的多个课程目标是否具有逻辑性和连续性，能够引发学生进行一系列的学习。最后是教师利用“云课堂”平台充分发挥课前预习的作用，根据课前学生的预习情况来进行有目的的教学设计，以此来实现教学目标。

2. 逐步细化，重点突出

在思想政治教育当中，有一些偏难的章节。教师应该对这些章节进行一步步分解，逐步帮助学生进行细化。在讲解当中也要注意从逻辑顺序和层次上进行重难点的突出，让学生可以深入浅出地学习。合理分配好课堂教学的时间，也要充分利用好网络教学平台的时间，学会合理安排教学过程，让学生可以做到轻松学习，也让自己的教学工作量在网络平台“云课堂”的帮助下有所减少。

3. 以学生为本，关注需求

无论是在教学过程中还是在教学设计当中，都必须做到真正以人为本来开展。所以教师在设计当中，要考虑到所教学生的内在差别和做出不同的教学设计，由此做到可以真正从学生的角度出发，来让教学的设计更适合于学生。让课程来适应学生，而不是一味地让学生适应课程。

网络翻转课堂帮助学生对传统的教学课堂进行改变，将复杂、偏于理论的教学模式进行细化，并且强化学生的主体学习能力和个体需求。在课堂上通过传统教学方式来讲述主要理论知识，再通过网络“云课堂”进行相关训练，让学生能够将知识理论化整为零，更容易接受一些抽象的理论知识，并且内化为自己的行动能力。

（二）教学内容的有序设计

网络在线“云课堂”的建设，就是为了向很多没有丰富资源的学生和学习者提供一个拥有优质资源的平台。也就是说，网络在线“云课堂”最大的优点和初衷在于，为学习者进行资源教学和专业技术知识的分享。让现在的学习者不再受地域、时空甚至经济条件上的限制。只需要通过互联网就可以进行网络在线课堂的专业教育，并且可以获得一系列的优秀资源，与名师名家在线一对一交流，提高自己的专业水平或者是让自己重新学习一门知识不再是一件难事。

网络在线课堂的教学页面设计有主页区、笔记区与讨论区，三个主要的栏目。主页区详细为学习者介绍每个课程适应的人群，并且附有简单的课程介绍和目录供学习者参考选择是否适合这样的学科学习。在笔记区，顾名思义，学习者可以在网络在线课堂讲解时，随时随地在网上做笔记，方便之后的复习查看，并且自己的做的笔记也会被其他学习者所看到，大家可以一起进行互动交流。教师在看到学生的反思笔记和学习笔记后，也会对一些学生出现的典型问题进行解答。增加了师生之间、其他学习者之间的学术互动交流，有利于促进自己的学习进步和对其他专业知识的学习。并且如网易“云课堂”这样的网络课堂，在学习过后会有对应的专业证书颁发，更加大了学习者的学习热情。

## 第六节 基于移动教学App的高职“云课堂”教学模式

### 一、高职院校“云课堂”现状

在教育改革下，高职院校的教学模式也开始发生改变。在探索之初，高职院校开始用多媒体进行辅助教学以丰富教学模式和手段。在教育改革不断深入、教育技术改革的难点被突破的同时出现了网络在线课堂，进而打造出翻转课堂教学模式后，高职院校的教学模式也响应号召，开始进行了翻转课堂教学模式。在教学课堂上，不仅仅只依靠网络技术的多媒体资源进行教学，还将传统教学内容与网络在线课堂进行结合，让课堂变得丰富生动。不仅如此，网络在线课堂还能够帮助教师记录学生学习过程中的相关数据，为教师进行教学评估提供了有利条件。

在越来越意识到高职院校翻转课堂的重要性后，高职院校的教育工作者开始注重教育资源的分享。所以，各个高职院校也着重加强了精品课程的建设，并在每个专业都建立教师课题组，教师开始集思广益加快精品资源的建设以及共享，丰富了网络在线课堂平台的资源。虽然高职院校在教育改革的路上不断进行探索，但是仍有一些不足的情况需要改进。例如，很多高职院校教学过于片面停留在云平台的资源建设上，忽略了在线云平台的使用是否流畅和简单。各种课程的资源庞大，技术与课程之间的整合也有着很大的工作量，这就使得在开发应用当中，有些功能过于复杂而让教师和学生都会有些不适应。所以目前很多高职院校的网络在线“云课堂”都只是有几个精品课程可以实现这样的翻转课堂教学模式，在其他课程上还是只停留在共享资源上，也因为复杂的操作不适用于课堂教学和平时学生的日常学习，导致使用率过低。为了避免这样的情况一再发生，高职院校教学管理部门应真正认识到这一问题，集合专业技术人员和教学工作人员进行沟通，携手解决这样的问题，让“云课堂”真正普及开来。

## 二、基于移动教学 App 构建的高职“云课堂”教学模式

现在一些高职院校开始在网络在线“云课堂”的基础上开发了移动教学 App。移动教学 App 更加适应当今的移动互联网大环境，进一步方便了教师和学生的使用。教师和学生只需要通过手机就可以使用“云课堂”，实时性更强。像“蓝墨云班课”这样的 App，具备了以往网络在线“云课堂”不具备的优点。界面上的功能显示更加清晰，并且让人简洁易懂又美观大方。在资源的共享上，移动 App 的兼容性更强，在资源查找和使用上步骤更加简单，用户操作的流畅度更好，这也是为什么现在广大师生都开始喜欢移动 App 教学的原因。移动教学 App 更加符合现在人们的互联网使用习惯。

虽然移动 App 教学具备了很多网络在线“云课堂”不具备的优点，比网络在线“云课堂”更加完美，但是也不代表移动教学 App 不存在任何缺点，即使再完美的科技也需要人为的操作才能够达到最好的效果。移动教学 App 只是为教学方法提供了一个良好的平台，帮助教学模式进行改变，提高学生的积极性。但是具体如何能够让学生开始更加喜欢上专业学习，并且如何能够高效率地提高教学效果，都是需要教师在具体的教学过程中不断摸索的。真正将移动教学 App 的优点融入教学中，变成教学效果提高的内驱力才是移

动教学 App 的用途之所在。要想能够运用好移动教学 App，就需要教师了解移动教学 App 的优点和特点，来进行教学方法的探讨，具体来说，本书认为移动教学 App 与传统教学结合，比较常用的教学方式大致有三种。

### （一）以集体授课为主移动教学 APP 教学为辅的云课堂教学模式

数据采集和分析能力弱，是传统教学模式当中长期存在的缺点。由于数据采集和分析能力的不足，就导致了教师没有办法对学生的学习效果进行了解。所以采用移动教学 APP 部分功能，恰好能够弥补传统教学模式的这个不足。移动教学 APP 凭借着自己先进的信息技术，能够帮助教师在进行采集了全面的数据过后，对数据进行详细分析。例如以往高职院校的公开课上，教师就对学生的考勤问题烦恼不已，因为班级人数问题，不可能每节课都进行点名。即使是点名也不可能每个学生的名字都点到，这样太过于占用课堂时间。本身对于思政课程来讲，知识点过于密集，课程时间有限。所以一些学生就利用这样的条件来逃课，让教师无法进行有效管理。而移动教学 APP 中的签到功能，就解决了教师以往比较头疼的问题。APP 签到可以让教师不再为学生的出勤所烦恼，一键签到可以实时显示学生的出勤状况。这样就杜绝了一些学生逃课的行为。在期末做成绩考核时，也有据可依，不用教师再像以往那样对每天的课程考勤都做记录，节省了很多的时间。关于学生在课堂中的表现，移动教学 APP 也有考核依据，帮助教师进行课前、课中、课后一系列的考核评估，智能化凸显。

### （二）以小组教学为主移动教学 APP 教学为辅的云课堂教学模式

在高职院校的思政课堂中，以往小组教学或者进行讨论，都是不可能实现的教学模式。因为班级人数过多，教师没有条件来在一节课堂当中顾及每个小组的讨论结果，也没有办法来实时了解每个小组的讨论情况和学生的反应。而移动教学 APP 的在线讨论功能就改变了传统教训模式的缺陷。教师可以通过移动教学 APP 实时查看学生的讨论情况，并且可以同时看到每个小组每个学生的讨论情况，更有利于教学的开展。

### （三）以移动教学 APP 教学为主的云课堂教学模式

移动教学 APP 的在线课堂主要就是针对教学来设计的。在课前可以帮助教师整理和收集资源；在课中，可以帮助教师收集学生数据，对学生进行考核和诊断性评价；在课后，更是能够帮助教师增进与学生的沟通，了解教学效果。

# 第十一章 高职思想政治“云课堂”教学研究

## 第一节 思想政治“云课堂”技术

### 一、“云课堂”技术引入思想政治课堂教学的必要性

（一）思想政治教学的实际现状分析

高职院校思想政治教师在以往的实际思想政治课堂教学存在一些过于偏重于理论内容而不重注实践的错误。教学方法太过于单一，导致教学效果平平。而“云课堂”教学的出现就帮助本书改变了这一问题。经过仔细学习，以及对学生的进一步了解，本书开始以“云课堂”为主改变自身的教学方法，教学效果取得了很大的提升，学生的反馈也很好，由此可见思想政治课堂教学的重要性。

（二）“云课堂”对思想政治课堂教学的作用分析

“云课堂”的出现符合了教育发展的趋势，而且“云课堂”打破了传统的教育方式，不受时空限制与学习方法之间的限制，让学生和教师都可以将书本内容和实际生活联系在一起深入互动，为思想政治的教育发展做出了很大的贡献。

### 二、“云课堂”技术引入思想政治课堂教学的探索实践

（一）学习绘制思维导图，提升学生的思维能力

思维导图对所有教师来说并不陌生。思维导图可以很清楚地看出各个层级之间的逻辑关系，因此，很多教师都热衷使用。而思想政治教育本身知识点繁杂，在每个章节讲完之后，教师都会为学生列出一个清晰的思维导图来

帮助学生将知识点捋顺。在传统课堂中，很多学生虽然记下了思维导图，但是还是会在一些难点上存在不理解的情况。“云课堂”则帮助这些学生解决了这个难题。学生可以通过“云课堂”，在手机上查看到自主实践研究思维导图的详细讲解和说明，必要的时候还可以查看详细的语音讲解和视频讲解，这样能够更直观地帮助学生来理解这些问题，也在很大程度上提升了学生对知识结构的构建能力。例如，在“毛泽东思想和中国特色社会主义理论体系概论”的课程中，在为大家讲解中国特色社会主义理论体系框架时，教师可以在“云课堂”中提前推送一张自己规划好的思维导图。然后将讲解思维导图的具体视频都上传，留作学生之后查看之用。尤其在期末考试时，思维导图对学生复习起到了关键的作用。每章节的清晰思维导图，会让学生更容易总结以往的知识点，真正做到系统掌握思想政治观点和体系，对成绩提升有很大的帮助，并且这样也锻炼了学生的逻辑思维能力。

与此同时，对一些探究性较强的教学内容，教师在预习阶段便将学生分成六个小组，由每组成员共同探究，合力在新课前利用手机完成思维导图的构建，并在课堂上将每组的成果通过“云课堂”技术平台，直观地在同一平面上展示出来，让学生自己比较并评判优劣，最后由教师来总结。这样，不仅能够调动学生学习的积极性，而且，久而久之，通过这种方式的训练，也大大提高了学生把握课堂的重点知识和框架脉络的能力。

（二）有效整合教学资源，激发课堂活力

“云课堂”促进了课程改革的加速，也让思想政治教育的资源不足情况得到了充分的缓解。“云课堂”海量的授课资源和学习资源让师生都得到了极大便利。同时在思想政治“云课堂”上的每个人都是资料的拥有者和贡献者，这样更能让学生感受到自身的价值。也让全国的思想政治教学资源得到了平衡，而通过“云课堂”激活学生的思维，调动学生的积极性，让思想政治课堂动起来就是教师需要做的工作。能否做到让课堂动起来，主要就看教师能不能将这些丰富的资源有效整合起来，将“云课堂”的作用发挥到最大。良好的整合能让学生产生良好的学习效果，培养学生终身学习的观念，也能让教师更好地达成教学目标。

例如，在讲中国特色社会主义理论时，可以让学生通过“云课堂”来查询与中国特色社会主义理论有关的实践理论，让学生学会整合手中的各种资源来进行发掘思想政治理论的重要性。这样不仅传授了理论知识，也相当于为学生做了一次实践活动。

## 第二节 高职思想政治课云平台的教师空间设计

### 一、教师空间的大功能

（一）资源储备功能

教师空间需要有海量的信息储存库，并且要不断地为教师储存库输送丰富的信息资源，作为高职院校思想政治教师必须要不断扩充信息储存库，才能更好地服务于高校思想政治教育。

1. 教师个人资料的储备

教师个人资料包括记录了教师的个人信息和所有工作信息。工作信息如工作日志、工作总结、心得体会、教学考核、学术科研成果等。教师的个人信息则是包括了教师的生活照片等私密信息。不过教师不必担心，工作资料和个人资料都有隐私设置，只有自己可见。如果其他人想要查看，必须要经过教师本人的同意才可以。

2. 教学与学习资源的储备

课程资源、课程拓展资源及生活情趣类资源等方面都包含在教学与学习资源内部。具体来划分的话，课程资源、课程拓展资源及生活情趣的资源面向的主体都是所有大学生。可能其中会有一些个别的现象出现，但是一般来讲，这些资源的主体就是所有大学生。所以，它所受到的限制也就是大学生。如果详细划分空间资源，那么可以从空间资源所具有的广泛性和便捷性上来划分成三种形式：原创型资源、下载加工型资源和链接型资源。

（二）开放式教学功能

开放式教学主要体现在以下三个环节。

1. 教学准备

利用好教师储备空间。教师可以将每堂课的教学反馈、教学成果都储存在教师空间中，让教师空间更加丰富和全面。经过长此以往的坚持，教师可以根据这些储存的信息做总结，对每次的教学成果做一个全面的分析，在不断记录当中不断反思，进而提高自己的教学水平。

2. 教学实施

不断进行开放式教学，改变传统单一的、平面型的教学，将思想政治教学变得更加复合化、立体化和生活化。在开放式的思想政治教学当中，充分将现实教学与虚拟教学融合在一起。并且多配合一些实景教学，也多为学生播放名师讲课视频，调动学生互相讨论的积极性。打破传统教学当中的条条框框，改变以往传统教学中过于看重的时空观念。让教学课堂变得更加富有生命力。

3. 课后辅导

教师开放的空间减轻了教师在课堂教学中的压力，却增加了教师的课后辅导的工作量。教师在课后多用时间与学生对作业进行探讨，再对学生反馈回来的作业进行点评，这样一方面增加了与学生的互动交流；另一方面也能够真正将思想政治观点落实到学生生活当中，达到思想政治课程教育的目的，促进思想政治教育的发展，为学生呈现出一个真正陪伴他们成长的教学模式。

（三）开放式学习功能

开放式学习功能包括以下三个层面。

1. 教师空间要成为学生的学习园地

学生的学习园地既包含了本校就读的学生，也包括全国其他学校的学生。其中有很多校内学生也不是所教课程班级的学生，相比较于课程班级的学生更加直接地跟随教师的课程教学而进行逐步学习来说，本校包括其他学校的学生更加开放性地选择教师课程。根据自己的兴趣和爱好来到一些教师空间进行学习。这样就让教师的授课和学生的学习都不再局限于课堂和校园内，而是开放性的，是对任何学生都开放的空间。

2. 教师空间要成为本人及同行的学习平台

教师空间资源的丰富性和系统性让学生和教师都有很大受益。但是在这样的教师空间优势的情况下，教师也需要首先明确自己的任务，也由此确立了教师空间的位置和性质。首先，教师空间是教师本身个人的学习与探究空间，教师从平台中获取资源来学习，并且通过自己的经验和知识将所有资源进行重构，由此进行自身对教育教学的研究，提高自己的专业水平。同时，每个在教师空间浏览的人，都可以不受地域限制和空间限制，来查看到教师空间的资源进行学习。在提升自己的同时，也帮助别人获得了提升。

3. 教师空间要成为教师提升境界的窗口

信息技术的发展、大数据的出现让每个教师都真正体会到了互联网时代的便捷。只需要通过网络，就可以搜罗到各种自己想要的资料，大大方便了教师的教学探究工作。不用再像以前一样，想要做探究需要到图书馆查阅大量的资料，再进行书面上的归类，工作量很庞大。而现在只需要在教师空间内进行搜索即可。教师可以轻松查阅学院的各种动态，以及专业内的各种名师讲坛，不断提高自己的素质。学生也是如此，通过教师空间，可以让学生查看到更多在校内看不到的内容，帮助学生放宽眼界，获得提升。

## 二、高校思想政治课程云平台中教师空间的设计原则

### （一）响应思想政治课创新教育改革创新的原则

近年来，高校思想政治教育为了响应深化高等学校创新教育综合改革的战略，在思想政治课的教育教学方式方法上做出了很多创新和改革工作。利用信息技术搭建了思想政治课程云平台、翻转课堂的开展、融合教育的实施等都在不断地进行努力探索和尝试。在新课程改革的大环境之下，教育创新越来越被重视起来，在这一全新教育概念的驱使下，教育开始努力发挥学生的主体性，教育的创新是将信息化教育与传统教育相融合，形成新型混合式教育模式。教育创新实施下的发展潮流，是教育在进行到当今社会的必然发展趋势。当然创新也是要在传统教育的基础上进行，不能摒弃以往的传统教育而一味地进行现代的信息化教育。尤其在思想政治教育当中，要找到继承与创新之间的平衡点。传统的教育精华必须要继承，而在继承传统教育精髓

的基础上，又必须要对教学方法和教学内容进行创新。也就是说，教学研究的基准是传统教育，而创新是为了教育更好地与时俱进地发展。也就是说创新教育是指在过去传统的培养人才体系上，注重对人才文化和思想上的培养，二者并驾齐驱进行发展。

（二）适应教师个性化发展需求原则

建构主义指的是强调个体内在知识体系的自我建构，自我建构的本质是实现个体社会化的过程，也就是说建构主义是个性化的理论基础。著名心理学家皮亚杰曾经提出了一个本能的观点，他认为个体都具有适应环境的本能。个体在不断“适应”和“吸收”的过程中形成了习惯行为，同时也发展了智力。在此基础上，也有很多心理学家进行了探究。最终得出的结论都说明了，在教育的过程中，首先需要做到尊重个体的成长模式，再来运用正确的引导、支持等行为帮助个体进行正确的发展。人的个性和自身的需求都是不同的。这样的不同是既成事实，是原本就存在的，而不是人为主观加上去的。每个教师和学生在教学和受教的过程中，自身的需求也是有千差万别的。

虽然当前的教学网络平台为教师和学生提供了一个良好的线上平台，让师生之间的交流以及教学和学习都变得便捷了。但是在互联网教育平台的设计上还是有些改进的地方的。例如，互联网教育平台的形式和方法都太过于统一。这样就因为各个学校的情况不同、专业不同导致有一些教师的自信心和积极性遭到打击。所以在平台开发的设计上，必须要多与各科专业教师进行沟通，帮助平台的设计更加人性化，能满足用户各种各样的需求，促进平台的个性化发展。

（三）契合高校思想政治课教学特点的原则

高校思想政治教育为了实现对在校大学生的思想进行教育的目标，高校思想政治课教学工作者都在不断地创新教学方法和改进教学内容。与其他学科不同，高校思想政治课课程的性质和教学目的等方面都有着自身的特殊性。从教学方式上来说，高校思想政治课具有时代性、继承性和动态性三大主要特点。教师空间也将高校思想政治教学特点完全融入了其中，并且进行了合理方式的呈现，进一步推动了教学目标的达成。

（四）联结课程知识与应用情境的原则

近年来，信息技术的发展让多媒体教学也得到了快速的普及。现在不仅是在高等学校教育阶段，在小学教育当中，多媒体教学都成为日常教学的一种手段。这样的普及为教师在理论中设计到时间内容提供了条件。例如，通过网络媒体对有效结构的管理，运用留言板、站内信等时通信的功能，在课堂当中或者在线上课堂中创设合作学习情境，利用网络“云课堂”来组织讨论组，促进学生交流和学习成果反思。在将教师网络空间设计加入高校思想政治教育的内容中，高校思想政治教育工作者不仅要考虑到呈现本身课本上的教学内容，还要考虑到什么样的情景创设是有利于学习者的思维建构的。在教学当中需要着重思考情境创设和网络空间设计的联系。高效思想政治教师在实际的教育教学中，必须立足教材的内容特点，再将这些内容特点通过“活动”的方式呈现出来。

## 第三节 思想政治“云课堂”教学设计实践研究

### 一、思想政治课云教学实践概述

在云计算技术的基础上，开展的所有教学活动都被称为云教学。行为大数据的全面呈现和大数据科学管理的客观实施是云教学活动结果的产生过程。高职院校的思想政治课在运用了移动信息化教学云平台后，通过教学大数据的积累，实现了师生之间从课前、课中到课后在线的实时互动。每节课堂教学的教学行为和学生的反馈的数据都被统一记录下来，以便于教师根据数据来进行教学反思和进一步的探究。

思想政治课云教学与传统课堂教学一样，都是以学生为主体，在教学中也以课堂为中心分为三个阶段。

在课堂教学的课前阶段，教师也同传统教学中一样，要根据教学目标来将课程内容和知识点发布到平台中，引导学生进行提前预习，做好课前准备。并且教师可以借助可视化的大数据技术，在课前就对学生的学习行为进行查看，通过相关学习结果数据可以充分了解到学生的学习情况和思想波动，这样就对备课有着很大的作用，可以让教师有针对性地进行备课，为良好的课程效果打下坚实的基础。

## 二、云教学大数据的思想政治课教学设计实践分析

### （一）思想政治云教学设计的基本准则

思想政治云教学必须遵循思想政治教育的基本理念，帮助学生构建正确的三观，并且学会用马克思主义理论和科学方法来思考问题、分析问题和解决问题。思想政治云教学环境下开展思想政治课教学设计一直遵循以下两个基准：第一是诊断分析学生的学情，包括学生的思想情况和知识储备等；第二是教师需要坚持住对教学目标的遵守，确保思想性。

### （二）问题导向教学模式源于思想政治课的内容特性

思想政治课教学主要目标就是帮助学生解决思想上的问题，让学生走出思想上的误区。概括来说思想政治课要解决的两个问题就是：一是教什么的问题；二是如何教的问题。教什么的问题所有思想政治教师都可以认识到，但是如何教的问题是每个教师都在不断探索的。其中的难点就在于如何教才能够获得学生的认可，让学生在思想上与教师产生共鸣，从而用实际的行动来实践理论才是教学的难点。所以，这就意味着教师如何能够用合理地逻辑进行教学，再让学生内化于心、外随于行是难点。这就需要教师将枯燥的教学内容转化为让学生感到有趣并且有意义的内容。为了激发起学生的热情，教师可以让学生自己提出问题，培养学生的自主意识和创新思维能力，最终形成成熟有效的教学方案。

### （三）思想政治课“云课堂”教学设计应符合问题导向教学模式的教学逻辑

上述已经说明了思想政治课云教学的问答设计的作用。思想政治课云教学的问答设计具体步骤为：首先是从教材的问题着手，将问题进行分层和分类，梳理问题的逻辑；其次是在课前和课后利用云平台，对学生的问题进行梳理，挑选一些经典型的和教材知识相匹配的问题进行问答；最后是根据上述挑选的问题，来引导学生利用教材中的观念去分析和解决。在教学当中，教师要学会通过云教学平台查看学生的反应，之后针对学生的反应来对问答

活动进行有的放矢的回应，做出相应的教学改变。

（四）内容为主，结合过程性考核提升教学实效

创新课堂形式和教学内容的关系既是对立的又是统一的。所以要辩证地看待二者之间的关系。理论教学内容和创新课堂形式自然是统一的关系，二者有紧密的联系。同时理论教学内容和创新课堂形式也是独立存在的。教学组织形式离不开教学内容的支持。

在思想政治课云教学实践中，想要获得更好地教学效果就需要在充分运用云平台来督促学生学习之外，还要充分抓住教学内容的新颖性和思想性，通过调动大家讨论的积极性来对学生的思想认识进行考核。考核是检查学生学习效果的重要手段，尤其在开展了云教学实践后，考核更能具体显现学生的整体行动和能力。学生的出勤率及平时学习的效果都在“云课堂”中有记录，考核变得更加人性化和智能化，也更有实际的数据可以查看。在教学内容和平时云平台与学生的互动当中，教师应该注意将热门的新闻话题或者很具有“现象级”的思想政治话题与课程内容联系在一起。由热点新闻引入，激发学生的兴趣，活跃学生的讨论氛围，这样可以更好地让学生理解思想政治理论，并且做到学以致用；更直接地培养学生的逻辑思维能力和问题分析能力。这样的课堂内容教学既让学生的观点相互碰撞，也让教师能够在学生激烈的讨论中，运用正确的思想理论，纠正学生的一些不正当思想，顺其自然地将理论上升到实践高度，达到理论指导实践的教学效果。

与此同时，课堂教学效率的提高还是需要充分运用云教学平台，利用云教学平台的自由开放性来实现。在大班额教学当中，云教学平台更能充分发挥它的空间自由性和针对性作用。教师只需要提前在教师空间做好教学设计。在课堂之中，要想检查教学效果，只需要让学生在教师空间中回答问题，教师就可以在云平台上看到每位学生的作答，教学效果一看便知。这样教师就可以及时调整自己的教学内容和教学方法，针对学生的疑点或者有争议的点进行深度解读，这样便增强了学生的反馈效果，并且在开课前，也可以提前发布一些延伸阅读材料，引导学生将注意力放在新课程上。

### 三、思想政治课云教学实践效果

思想政治课云教学实践和传统教学模式的融合，充分调动了学生主动学习的意识，并且教师也让学生有效地利用了课余时间进行课前和课后的线上学习，在课中也通过云教学实践系统来简单完成了对学生的学习考核。丰富新颖的手段不仅仅提高了学生的学习兴趣，也增强了教师对思想政治教学的信心，从而提高了高校思想政治教育课程的教学效果和教育效果。思想政治教育的地位显著提升，同时也增强了师生之间的关系，让思想政治教育的课程变得有趣起来，为高校思想政治教育的发展和改革建设做出了巨大的贡献。教学课堂效果的进步也让教师更加有信心，在工作上找到了前进的方向，也让教师愿意花更多的时间在工作上面。越来越多的教师开始丰富自己的教师空间来向学生展现自己的学术成果，与学生进行热点事件的讨论，以及为学生解答生活中遇到的思想问题，获得了学生的信任。学生与教师建立起平等的友谊关系后，在课堂上便更加信服教师的课程内容，为达到开展马克思主义教育及中国特色社会主义教育提供了肥沃的土壤。学生在平等的互动当中，开始学会向教师学习分析问题的思维并付诸行动。无论是小规模班级还是百人制的大班额，学生都有着很高的学习热情，对教师的教学效果和表现也变得越来越满意。学生思想也更加积极向上，更加符合高校人才培养的目标。

## 第四节 手机环境下高职思想政治课教学管理策略研究

### 一、手机媒体对高职院校思想政治课教学的影响

#### （一）手机媒体为高职院校思想政治课教学提供了便利

1. 为高职院校思想政治课教学提供了“信息资源平台”

学生可以利用移动 App 查看到国内外的各大时事热点，并且也可以通过一键查询了解到各种各样的思想政治理论知识，所以现在的教师要做的就是要通过这些移动自媒体汲取信息，来与学生进行交流，从而帮助学生梳理和吸收从外界获取到的相关知识，正确引导学生培养一个良好的政治观。因为有具体感兴趣的话题提供给学生参考，所以就能充分调动起学生的主动性，

学生喜欢互动，教师在教学当中也就更加有激情，教学效果就能够变得更好。

2. 搭建师生之间的交流平台

对高职院校思想政治课程来说，思想政治课程的内容较多，课时较少，而且教学班额过大，所以都导致在课堂上教师不能够充分与学生进行互动沟通，而移动互联网的发展，让教师和学生之间的沟通打破了这样的束缚，教师和学生可以充分利用移动互联网进行教学讨论。

3. 通过手机媒体在线答疑

在信息爆炸的年代里，人们每天接收到的信息都有很多，快节奏的生活和快餐文化充斥在社会当中。面对这样的文化形势，有一些学生在思想上就会变得比较茫然，不知道如何辨别消息和思想的正确性，会有很多的疑惑产生。而思想政治教师则可以利用移动互联网平台为学生进行在线答疑解惑，帮助学生解决生活中遇到的一些问题，解决学生面对一些人情冷淡、道德低下的现象时手足无措的现象，帮助学生消除在如今社会快速发展中形成的恐惧感。

（二）手机媒体给高职院校思想政治课教学管理带来了挑战

1. 不良信息对大学生价值观的影响

手机媒体在带来促进学生学习的有利作用的同时，也充斥着很多的不良信息，这些信息会对学生产生消极影响。不同于传统的新闻媒体，移动自媒体中大部分新闻都存在虚假夸大的部分，甚至有一些是在歪曲事实制造热点。对辨别力较弱的青年学生来说，长时间地看到这些价值观扭曲的新闻，会影响到自己的价值观，进而也影响到思想政治教育对其正确价值观的培养。

2. 学生过度依赖手机

现在很多人都有手机依赖症，包括高职院校的很多学生在内每天使用手机的时间甚至超过了睡眠时间，很多学生对手机依赖性都特别强。尤其在思想政治课或者是其他一些公开课当中，学生玩手机的现象屡见不鲜。因为班级人数过多，教师在考勤时也只能按照传统的点名来进行检查。对课上讲课时，学生玩手机并不能及时看到，并且班级人数过大也不好管理，因为还有很多的教学任务需要完成。这样就给教师的教学造成了很多的困难和困扰，不利于教学目标的实现和教学效果的高效显露。

3. 降低了学生主动思考的欲望

现在信息获取的便捷让学生太习惯于通过网络来找寻答案，不习惯于自己主动思考来找出答案，这样就导致学生的思维能力和学习能力都下降。尤其在思想政治教学当中，很多学生在面对教师提问时，都喜欢在网络上搜寻答案，这就需要教师在布置任务和设置习题时,做好充分的功课设置,调动学生主动思考。

4. 加大了课堂管理难度

目前在高职院校思想政治课教学包括在其他科目的教学课堂中，玩手机是一个普遍的课堂违规现象，因为班级人数太多，教师如果单纯从规定上来管理有很大难度。

## 二、手机媒体环境下高职思想政治课教学管理策略

### （一）强化思想政治课实践教学，加强师生互动

高职院校思想政治课教学的重要环节之一便是实践教学，要想让思想政治课实践教学落实到具体课堂当中，高职院校的管理制度就应该进行完善。目前很多高职院校的思想政治课实践教学的相关制度不够完善，对思想政治课程的支持和管理力度远远不够。久而久之就导致高职学生对颇具理论性的思想政治教育课程失去了学习热情。对高职院校这些善于动手和善于实践的学生来说，多多开展高职院校思想政治实践课，将理论渗透到实践当中才是最好的教学方式。这样能够帮助学生通过实际行动来理解思想理论，从而形成自己的理论。这样也可以充分加深师生情感，让学生主动学习，从根本上消除玩手机的不良风气。

### （二）加强制度建设，引导学生充分利用手机资源

针对学生上课玩手机的风气，学校必须要制定严格的规章制度对学生进行管理和约束；学校、辅导员和班主任在平时的监管中要严格监督学生上课玩手机的行为，并且要对学生做好思想工作，让学生明确上课玩手机会造成的不良影响，再引导学生将手机的学习资源充分利用起来，手机不再是一个娱乐工具，更重要的是一个学习工具。

（三）丰富教学手段，提升思想政治教学的吸引力

高职院校思想政治课教师要想为学生展示出思想政治课教学的魅力，就必须多层次、多角度地将理论教育与实践教学以及网络在线教育结合起来，通过生态教学的理念，加上教学内容来丰富自己的教学理论和教学方法为学生进行讲解。要想增加思想政治课教学的趣味就必须要求教师能够自己深入钻研教材内容，并且将现代的实事与教材内容紧密结合，由此来与学生进行交流互动，在互动当中不断启发学生进行思考，由此来掌握学习内容。

# 参考文献

[1] 杨章钦，徐章海 . 思想政治理论课教学改革与大学生思想政治教育互动研究 [M]. 上海：上海财经大学出版社，2017.

[2] 贾作璋 . 诗情画意讲思政：思政课诗歌化辅助教学创新实践 [M]. 徐州：中国矿业大学出版社，2017.

[3] 甘玲 . 践行渐悟高校思想政治课实践教学的探索与实践 [M]. 北京：燕山大学出版社，2017.

[4] 王钱超 . 经营思想政治课地方高校的探索与实践 [M]. 合肥：合肥工业大学出版社，2017.

[5] 陈若松，谭炳华 . 思想政治课感性教学的通道 2016 社会实践研修 [M]. 湘潭：湘潭大学出版社，2017.

[6] 王国棉 . 古代中国治国理政思想 [M]. 太原：山西教育出版社，2017.

[7] 黄静，吴学霆 . 乐・思首届全国音乐学院思想政治课教学改革与协作论坛文集 [M]. 上海：上海交通大学出版社，2017.

[8] 刘利，潘黔玲 . 互联网 + 视域下思想政治课教学理论与实践发展研究 [M]. 长春：吉林大学出版社，2017.

[9] 顾钰民，张济琳 . 讲好当代中国主旋律总书记系列重要讲话——五大发展理念融入思想政治课教学研究 [M]. 上海：复旦大学出版社，2017.

[10] 于乐 . 落实全国高校思想政治工作会议精神切实发挥网络文化的育人功效：电子科技大学网络文化建设理论与实践研究 2016—2017 年度 [M]. 成都：电子科技大学出版社，2017.

[11] 寿伟义，汪灿祥，周俊炯，等 . 高职学生工作探索与创新大学生思

想政治工作论文集 2017 年卷 [M]. 镇江：江苏大学出版社，2018.

[12] 杨如恒 . 新时代大学生思想政治教育 [M]. 石家庄：河北人民出版社，2018.

[13] 施索华，裴晓涛，梁钦，等 . 新时代高校思想政治课的“打开方式”[M]. 桂林：广西师范大学出版社，2018.

[14] 李欣 . 网络环境下学校思想政治教育的改革与发展 [M]. 长春：东北师范大学出版社，2018.

[15] 李霓 . 新媒体时代大学生思想政治教育挑战与创新 [M]. 天津：天津科学技术出版社，2018.

[16] 邱双成 . 新时期中学思想政治教育前沿问题研究 [M]. 银川：宁夏人民出版社，2018.

[17] 杨娉 . 新媒体视角下大学生思想政治教育创新探索 [M]. 北京：中国纺织出版社，2018.

[18] 滕飞 . 思行致新：高校思想政治育人工作的探索与实践 [M]. 北京：中国经济出版社，2018.

[19] 张口天 . 美思有言诗乐同行：诗情乐音话思政 [M]. 上海：上海大学出版社，2018.

[20] 曾学龙等 . 民办高职院校思想政治课协同育人教学模式创新的实践 [M]. 广州：广东高等教育出版社，2018.

[21] 郑盼盼 . 高职思想政治“云课堂”理论与实践 [M]. 杭州：浙江工商大学出版社，2019.

[22] 王亚凌，廖建光 . 高等数学课程思想政治改革版 [M]. 北京：北京理工大学出版社，2019.

[23] 杨惠媛，赵建 . 外语教学课程思想政治改革论文集 [M]. 天津：天津大学出版社，2019.

[24] 李慧 . 高校思想政治教育视域下的婚姻家庭教育研究 [M]. 长春：吉林文史出版社，2019.

[25] 盖庆武，贺星岳 . 新时代高职课程思想政治理论与实践 [M]. 杭州：

浙江工商大学出版社，2019.

[26] 吕艳男，张亮，刘恩龙，等 . 高校思想政治课理论教学与实践指导 [M]. 北京：研究出版社，2019.

[27] 曾易，胡启勇 .“马克思主义基本原理概论”课辅导教程微课 [M]. 北京：国家行政学院出版社，2019.

[28] 张晖 . 新时代农林高校思想政治课改革创新研究 [M]. 北京：中国农业大学出版社，2019.

[29] 叶勇，康亮 . 新时代高职院校工科专业课程思想政治教育探索 [M]. 成都：西南交通大学出版社，2019.

[30] 王静 . 构建外语院校特色思想政治工作体系的理论思考与实践探索 [M]. 北京：光明日报出版社，2019.